中小企業社長のための

会計・経理の強化書

加藤弘之
KATO HIROYUKI

幻冬舎 MC

はじめに

「うちには監査（公認会計士）は必要ない」と考えている中小企業経営者は多いと思います。

私が中小企業経営者から直接聞いた声もほとんどが「税理士との違いがよく分からない」、あるいは「監査（公認会計士）は大企業だけに必要なものであり、中小企業は顧問税理士がいるから十分では……」といったものでした。

しかし「顧問税理士がいるので、監査（公認会計士）は必要ない」というのは、大きな誤りです。

税理士が行う主要な業務は、税務署に提出するための税務申告書の作成などの税務手続きを代理で行うことです。無駄な税金を払わせないための適正な税金対策も含みます。

一方で、公認会計士の主要な業務は「監査（会計監査）」をすることです。

監査とは、決算書の数字が実態に即した数字なのか、その信頼性を確認するものです。

そのためにビジネスのプロセスが本来あるべき正しい手順で行われているかどうかも会計の観点から確認しています。

経理部で集計した数字をチェックするだけではありません。会計の考え方をベースにして、仕入、製造、営業、販売など、ほとんどすべての業務プロセスに対して、その「考え方」や「やり方」が適正なのかをチェックするのが監査の仕事です。

例えば、会計上の商品在庫と実際に倉庫に保管されている商品在庫に差がないか、あるとすればなぜその差が生じたのか。また、その差を埋めるためにはどのような改善が必要なのか。公認会計士の監査業務には、数字の信頼性を確保するために、信頼性を阻害する業務上の課題（リスク）抽出までが含まれています。そのため、監査を通じて得られた情報は、実は業務改善や経営改善につながる重要な資料となるのです。

中小企業が監査を実施するメリットは2つあります。一つは数字の信頼性が高くなり、数字による管理がしやすくなることです。そしてもう一つは組織の問題点を洗い出し、それを改善する過程が社員への（会計）教育ともなり、組織が活発になることで組織運営がしやすくなることです。そしてこれらのメリットによる管理が最も中小企業経営で威力を発揮するのは、会社規模が大きくなってきたときです。

創業当初は社長1人か、2、3人の仲間だけでスタートし、無事に事業が軌道に乗ると少しずつ社員を採用し、徐々に組織を拡大させていきます。ある程度会社の規模が拡大しても、社員が10数名程度の段階までであれば、社長は社員のことも、社内の業務のこともほとんどを知っているでしょう。

今どんな仕事が進行していて会社にはどれくらいのお金があり、今後数か月でどれくらい出費や入金があるのか。今期の決算の売上や利益はだいたいどれくらいになりそうなのか。業績が伸びているのかそうではないのか、トラブルのタネになりそうなことはないか――。こういったことを、すみずみまで把握できているはずです。

ところがどんどん業務規模が大きくなり人数が増えるにつれて、個々の業務は現場の担当者に任せ、また組織を階層化して現場の担当者を管理するマネージャーを増やします。するとこれまで社長が直接会社全体を把握し、指揮を取っていたやり方がだんだん通用しなくなってきます。少人数時代の直接的、あるいは感覚的な管理から抜け出せないままだと会社のさまざまな面でほころびが生じ、成長が頭打ちになってしまいます。

業種にもよりますが社員が30～50名程度の規模、売上高10億円くらいの規模になってく

ると

「昔と違って、自分の思うように会社が動かない」

そういう悩みを抱えるようになることがあるのです。

多くの中小企業ではこの問題を解決するために、自社で組織改革を行ったり、コンサルティング会社に依頼したりします。しかしなかなかうまくいかず、経営者は会社全体を把握できずにフラストレーションを抱え続けることになります。

私は大学卒業後、税理士事務所勤務を経て、公認会計士試験に合格し、その後、大手の監査法人で上場企業の監査業務や上場（ＩＰＯ）を準備する企業をサポートする仕事に携わってきました。

おかげで、主として税理士が対象としている中小企業と、公認会計士が対象とする上場企業や上場予備軍企業、その両方のリアルな業務内容や組織を内部の現場からじっくりと見る機会に恵まれました。

そして多くの中小企業経営者の悩みを聞くなかで「上場企業で行われているような監

査の考え方や手法に基づいて、中小企業の経営や業務をチェックして問題を洗い出せば、中小企業の組織や業務内容は大きく改善できるのではないか」と考えたのです。そこで2006年に長らく勤めた監査法人を退職・独立し、以後、中小企業のための「監査」に取り組み始めました。

中小企業のための「監査」（＝コンサル監査）では、数名がチームとなって、中小企業を訪問し、四半期ごとの会計監査を行います。半期または年度で報告会を行い、現状の問題点と課題を抽出し報告します。抽出された課題に対してはPDCAを回し、継続的な改善支援を行っていきます。ただし、通常の監査業務と異なるのは〝証明〟を目的とせず、あくまで社内の経営改善のために監査の結果を役立てることを目的としていることです。

本書では、私たちが普段行っている中小企業のための「監査」（＝コンサル監査）について、公認会計士が監査の視点から中小企業をサポートするとは、どのようなことなのかを紹介しています。

大きく分けると、日常業務に対するモニタリング、フィードバック、レポーティング、改善支援と、業務プロセスそのものを大きく変更したり、組織を再編したりするような経営改革支援とにわかれます。会社を一軒の家にたとえるなら、前者は日常的な小さな修理やメンテナンスに相当し、後者は大規模なリフォームに相当します。

そういったメンテナンスやリフォームを継続的に行うことで、会社内に会計ベースでの社員教育的な風土が整い（人磨き）、中小企業でも、上場会社レベルの高い生産性と、透明性が高く経営トップの経営意思がすみずみまで浸透する組織づくり（会社磨き）が可能になります。

本書が、多くの中小企業経営者にとって経営のヒントにつながるものとなれば、著者として大変喜ばしく思います。

中小企業社長のための　会計・経理の強化書　目次

［第2章］伸び悩む中小企業の共通点は経理機能が弱いこと

［第1章］

中小企業経営者を襲う「今どうなってんねん！」

中小企業のポテンシャルを引き出したい

私は以前、監査法人で公認会計士として上場企業の監査業務や非上場企業の株式公開（ＩＰＯ）準備業務などを担当していました。それらの業務は面白くやりがいもあるものでしたが、２００６年に監査法人を退社して独立してからは、いわゆる中小企業を対象とした財務・会計の明確化などの企業支援をする業務を中心にしてきました。

監査法人時代の大企業相手の業務から独立後の中小企業相手のサポート業務へと軸足を移したのにはいくつか理由がありましたが、最も大きな理由は中小企業が、そして、個性あふれる経営者たちが好きだということです。

中小企業の社長は皆、ユニークなアイデアや大胆な発想あるいは独自の技術力や専門知識、丁寧なサービス精神など、その社長ならでは、その会社ならではの個性を武器として事業を伸ばし、地域経済の一員として取引先をはじめとした社会に価値を提供しています。それぞれ自分の目標や夢を掲げ、そこに向かって行動していくバイタリティもあります。

一方で、多くの中小企業経営者からさまざまな相談を受けてその内情を見ていくうちに、成長する会社としない会社の違いは何なんだろうかと思うようになりました。

これが、中小企業のサポートを志そうと考えるようになったもう一つの理由です。技術やビジネスモデルは優れており、その社長が目指している理想はすばらしいものでありながら、その組織運営が上場企業に比べると整理されていないために、常に種々のトラブルに悩まされ、肝心の事業が伸び悩み停滞している企業が多いのです。

すべてが上場企業並みとはいかないまでも、重要な部分についてはそれに近い、しっかりした組織運営をすれば、もっと伸びる会社、伸びる事業なのではないか……。そう感じることが多かったのです。

中小企業の弱点は組織運営にある

組織運営の問題は誰よりも中小企業の社長自身が肌で感じていると思います。

危機感を感じている社長から、組織運営を改善するにはどうすればいいのかという相談を受けたことも少なくありません。それだけでなく取引銀行（メインバンク）から、技術は優れているものの管理が行き届いていないために問題が発生している会社への社内整備の指導を依頼されることもあります。

会社の組織構造や運営体制を改善していく方法が分からないし、誰に相談をすればいいのかも分からないと頭を抱えている経営者が多いのです。

一般的に、中小企業経営者が経営の相談をする最も身近な専門家（士業）は、顧問税理士です。しかし税理士の本来の専門業務は、税務代理業務で税務申告書の作成などです。実際にはもう少し広い範囲で、資金繰りや経費削減などお金回りのことであれば、だいたいの相談に乗ってもらえますが、一定規模以上の会社の組織づくり、組織運営改善といったことはよく分からないという税理士が大半です。

もちろんなかには付加価値の高い会計事務所運営を目指し、中小企業に最も身近な士業として経営コンサルタント的な役割を担っている税理士もいます。しかしそういった役割を果たせる力があり、また、それを実際に果たしている税理士は非常に少ないのが現状です。ある程度の規模の企業であれば顧問契約を結んでいることが多い社労士でも同様です。

結局、会社の組織をきちんと運営できないままトラブルや問題が生じると、その都度場当たり的に対応しているだけになってしまいます。すると、その直後は問題が沈静化したように見えても根本の体制を変えていないため、また少し経つと同じようなことが繰り返されてしまいます。

その結果社長はしまいに、ウチの会社、今どうなってんねん！と叫ぶことになるのです。

中小企業の経営者の悩み、資金繰り

中小企業でよくある光景、例えばこんなケースです。

田中社長が率いるA社は、スポーツ用品を製造、販売しているメーカーです。特に、医師の監修を得た高機能なサポーターやインソールに定評があり、高価格な商品であるにもかかわらず、プロ、セミプロのアスリートや、中高年のスポーツ愛好家にはファンの多い製品を作っていました。

順調に売上を伸ばしており、直近の決算では売上規模5億円、営業利益3000万円ほどを計上していました。しかし、足元では同分野への競合他社の参入が増え、以前のような高い成長はできなくなってきています。

その一方で、製品の監修を依頼している医師たちへの報酬を含めた研究開発費やプロスポーツチームへのスポンサー費、有名プロスポーツ選手を起用した広告費など、経費も拡大しており利益率は低い状態が続いていました。

そのA社にピンチが訪れます。鳴り物入りで発売した新商品Xに、販売後多くの利用者からの指摘で不具合が見つかり、回収騒ぎになってしまったのです。

製品の回収や廃棄、また購入した利用者への謝罪の品の送付、不具合を改良した新製品の開発、製造など、その不良品騒ぎへの対応で数千万円単位の費用が生じます。

A社の資金繰りは急速に悪化しましたが、メインバンクからの追加運転資金の融資を受けて、なんとかその危機は乗り越えました。

業績はいいのに、支払いが苦しいのはなんで？

改良版の新製品も無事に発売され、幸い売れ行きは好調です。田中社長がなんとか危機を乗り切り胸をなで下ろしていた矢先、予想もしていなかった事態が生じます。

経理担当者の鈴木によると、B社とC社から予定されていた売上が入金されず、このままでは資金不足で仕入先への支払いができなくなってしまうというのです。営業担当者の山田が、請求書は出すがすぐには払わなくていいと伝えていたことが原因でした。

今どうなってんねん！と思わず田中社長は叫んでしまいました。

すぐにB社、C社を担当している営業部の山田が呼ばれて事情が聴取されました。その結果分かったことは、山田がいわゆる押し込み販売をして売上を立てていたという事実です。

押し込み販売とは、自社の業績目標達成や営業担当者個人の成績達成などのために、取引先からの需要がないにもかかわらず、無理矢理売り付けることです。販売先に対して自社の立場が強ければ、いわば強制的に売り付けることもありますし、相手にもメリットのある条件を提示してバーターで売り付けることもあります。

今期A社では不良品騒ぎで業績が急落し、資金繰りもタイトになったことから、田中社長は営業員に対して一律で前年度20％アップの目標を設定し、ハッパをかけていました。しかし近年、競争が激化しているなかでは、そういわれたところで急に販売が伸びるものではありません。

3月の決算期末が近くなっても山田は前年アップどころか、前年割れの個人販売実績しか上げられていなかったのです。焦った山田は、懇意にしていたB社とC社に対して頼み込み、支払いは余裕があるときでいいという約束をして大量の商品を販売し、売上を計上していたのでした。

通常はB社、C社からの支払いは、請求日の翌月末（1カ月後）でしたが、そのように言われていたB社、C社は、当然のように通常の支払い期限では振込をしてこなかったというのがことの真相でした。

田中社長は山田に対して厳しく叱責するとともに、経理の鈴木に対しても請求をしっかり管理していなかった理由を問い詰めました。

しかし鈴木は、これまでも請求書は販売をした各営業担当者から送付することになっており、その通常のプロセスで処理をしていたため自分の責任ではないと言います。

いったい何が悪かったのかと、田中社長は頭を抱えました。

店舗が増えると管理が難しくなる

資金繰り以外にも管理の難しい話はあります。

D社はマッサージ店のチェーン展開をしていた会社です。30分3000円などの低価格を売り物にして、会社員などが仕事の合間に予約なしで手軽に利用できるクイックマッサージと呼ばれる業態です。

本店以外に県内や近県に12店の直営店舗を抱えており、売上は約8億円、従業員はパート含めて40人ほどでした。

D社の高橋社長はマッサージ学校を卒業後、しばらくは大手マッサージチェーンに勤めたあと、独立開業して30歳のときに自分の店をもちました。丁寧な施術で固定客を少しずつ増やし業績を伸ばしてきました。

スタッフは皆、顧客のつらさを取り除き笑顔になってもらうことが私たちの喜びという高橋社長の経営理念に共感して集まり、マッサージ技術の習得、向上にも熱心でした。

高橋社長はスタッフ教育にも力をいれ、自分の技術を惜しみなく伝えていきました。そして技術を身につけたスタッフに直営店舗の経営を任せ、店舗数を少しずつ増やしてきたのです。

ところが、多店舗展開から数年経つといろいろな問題が生じるようになってきました。最初の大きなトラブルは、ある店舗の店長が店のお金を着服していたことです。

目の届かないチェーン店での不正をどう防ぐか

手口は単純で、新規で来店した顧客から預かったお金を売上として計上せず、レジにも入れずに、そのまま着服していたのです。各店舗は、基本的に2～3人で運営していますが、シフトの関係で、店長だけになってしまう時間帯もありました。そういうときに、予約なしで来店した顧客に店長が施術をして、料金をレジに入れずに自分のポケットに入れてしまっていたのです。これではチェックのしようがありません。

ただ、ある時期からある店舗の売上が明らかに減少していることに、高橋社長は気づきました。長年店舗を運営してきた経験から、周辺の町の状況や人通りなどから、この店舗ならこれくらいの来客数があり、これくらいの売上になるはずだという概算の目安はだいたい分かります。ところが、ある店舗だけが明らかにその数値よりも少ない売上が続いたのです。

不審に感じた高橋社長は、人を雇ってしばらくの間その店舗の来店客数を調べさせました。すると、計上されている売上が来店客数よりも明らかに少なくなっている日があり、それが店長1人のシフトである日だけだということが、明らかになったのです。

店長を問い詰めると最初は否定していましたが、証拠を突きつけられてようやく認めました。FX投資に失敗して多額の借金を抱えていたというのが、その理由でした。

高橋社長にとってショックだったのは、お金の問題よりも自分が一からマッサージ技術を教え、育て、信頼して店舗を任せたスタッフに裏切られたことです。しかしよく考えてみれば、そのような不正行為を許してしまう環境をつくったのは自分自身がきちんと管理をしていなかったせいだと高橋社長は思い至りました。

スタッフを信頼することと、不正を働いても分からないような管理をしているのとはまったく別の話です。

組織の管理責任があるのは経営者です。そうであるなら、経営者の目が届かないような状態をそのままにしていた自分自身にもいくらかの責任はあると考え、店長が行ったことは業務上横領の犯罪ですが高橋社長は警察沙汰にはしませんでした。ただ懲戒解雇しただけで済ませたのです。

終わりの見えない組織運営に正解はあるのか？

会社内のお金の管理や店舗の社員をどう管理するかといったことは、経営者にとって頭の痛い問題です。もちろん、事例に挙げたA社、D社はそれぞれ再発防止策を講じています。にもかかわらず、対策を講じてもまた再発したり、あるいは別の問題が生じたり、といったことがイタチごっこのように続いてしまうことがよくあります。

会社が小さいうちはいいのですが、どうしても社員が増えたり、店舗が増えたり、業務が複雑だったりすると、管理者は管理に頭を悩ますことになるのです。

経営学にはスパン・オブ・コントロールという概念があります。日本語では統制範囲、管理限界などといい、1人の管理者がどれくらいの数の部下を直接管理できるのかという目安のことです。部下の業務の複雑さによっても異なるのですが、一般的にはこれは5〜8人程度といわれています。これからも、社員数が10人を超えると直接の管理が難しくなることが分かります。

会社は業種にもよるものの、一般的には売上高1〜2億円、社員数5〜10人程度を超えて、さらなる成長を目指していくのであれば組織化を目指さなければなりません。この組織化を目指したとき、組織的マネジメントの課題が浮上し、マネジメントをうまくやれれば、会社は引き続き成長していくことができます。しかしほとんどの中小企業は、この組織マネジメントで四苦八苦し、同じ過ちを繰り返してしまうことが少なくないのです。

組織運営の肝となる「内部統制」

この組織マネジメントがしっかりできているかどうかをチェックする機会として、上場企業の場合は第三者機関である監査法人が、年間を通じて監査を実施しています。

監査とは英語ではauditとなり、語源はラテン語の『auditus』に由来します。オーディオ（audio）と同じ語源で、「聴くこと」・「聴取すること」から派生しているのですが、つまり監査とは、対象となる企業に対して監査人がいろいろな質問をして、どうなっているのかを聴き出すことが本質的な意味なのです。

通常、企業に対する監査では、監査法人が行う会計監査のほかに業務監査、システム監査などがあります。

会計監査は財務諸表の会計数字に対する信頼性を第三者によって確認するものです。業務監査は、法律や社内規程などに則って業務が行われているのかの確認、システム監査に関しては、企業の情報システムが同様にしっかりと機能しているのかの確認です。

このような会計報告や一般業務運営、情報システムなどの仕組みは、会社をうまくマネジメントするために整備していくものですが、こうした組織（内部）活動をコントロールする（統制）仕組みのことを総じて、ちょっと難しい言葉で「内部統制」といいます。

内部統制とは、会社を動かす仕組みがしっかりとできてちゃんと機能しているかの活動全般を指します。金融庁が公表している「財務報告に係る内部統制の評価及び監査の基準」によれば、以下のように定義されています。

——内部統制とは、基本的に、業務の有効性及び効率性、財務報告の信頼性、事業活動に関わる法令等の遵守並びに資産の保全の４つの目的が達成されているとの合理的な保証を得るために、業務に組み込まれ、組織内の全ての者によって遂行されるプロセスをいい、統制環境、リスクの評価と対応、統制活動、情報と伝達、モニタリング（監視活動）及びＩＴ（情報技術）への対応の６つの基本的要素から構成される。

上場企業は組織マネジメントがうまくできるように内部統制を整えている

上場企業に対する情報開示義務はより厳しくなっていて、日本においては２００４年に会社法の変更によって、業務全般に対するこの内部統制システムを整備・運用することが明確にされ、大会社および関連会社に義務づけられました。米国で先行していたＳＯＸ法を参考にしたため、日本版ＳＯＸ法（Ｊ-ＳＯＸ法）とも言われています。

内部統制に対する情報開示義務が追加された背景には、米国のエンロン社による巨額会計不正報告などがあったことで、不正や誤りを防止する仕組みを客観的に評価する重要性が再認識されたことにあります。グローバルな会計制度の変更に合わせて、日本においても内部統制の情報開示と体制整備が強化されていきました。

日本の金融商品取引法では、内部統制に関する報告は、整備状況や有効性を報告書にして経営者が作成したものを公認会計士等が監査するという仕組みが整備されています。

こうした内部統制報告制度があることで、上場企業は監査を通じて評価される会計や内部統制の整備に余念がありません。その結果、組織マネジメントが優れたものに磨き上げられ、社員数何千人、何万人と増えたり、全国に支店をもつような組織になったりしてもうまく機能するようになっているのです。

小さな企業ではある意味で内部統制はうまく機能している

内部統制そのものは上場企業に限らず、どんな企業にも存在しています。大切なことは、自社の内部統制が整備されてしっかりと機能しているかどうかです。

実は、内部統制は小さな規模の企業ほどかなりしっかりと機能しているといえます。組織マネジメントを考えるうえで、そもそもマネジメントがうまくできている状態はどのような状況なのかを考えてみます。

ごく例外的なケースを除けば、創業時は社長1人か、せいぜい数人の仲間あるいは家族などと始める会社がほとんどです。登記上、株式会社かどうかは別として、これを仮に個人商店段階と呼ぶことにします。おおむね売上高1～2億円、社員数5～10人程度までがこの個人商店段階です。

個人商店段階では、以下のようなことについて社長はすべて（社員でもほとんど）を把握しています。

●事業内容（製品、サービス）がどんな価値を社会に提供するのか
●何をどれだけ仕入れ、どれだけ製造しているのか
●どんな在庫がどれくらい残っているのか
●どんな顧客を相手にし、どれだけを売り上げているのか
●近い将来にどれだけの出費や入金があるのか
●会社にお金がいくら残っているのか

社長は頭の中だけで、あるいは簡単なメモを取っておくだけで、ここに挙げているお金の流れやモノの動き（内部）もすべて把握（統制）できているはずです。

また、人についても同様です。目の前で働く様子を見ていれば、仕事に対してやりがいをもって頑張っているのか、どこか不満を感じているのかといったことは分かります。社員が顧客との間でトラブルを起こせば、電話の様子などからすぐに察知できます。

朝あいさつをして顔色を見るだけで、どこか元気がないな、何か悩みがあるのかも、なとだいたい分かるものです。

あるいは数字におかしいところがあると思えば自分で帳票類や通帳を確認するか、経理を担当者に任せているのであれば、すぐに確認します。

調子の悪そうな社員がいたり、何か問題が生じている気配があったりすれば直接尋ねることができます。

これらはすべてこの会社の立派な内部統制です。こんな状態だったら、社長はこの会社をしっかりと掌握できているといえます。つまり、個人商店段階では社長自身がいわば内部統制であるため、社長の感覚や言動だけで、大きな問題なくビジネスが回せているのです。

個人商店のままで続けるのか、その先の成長を望むのか

ではどれくらいの規模感までなら、会社を経営者一人の能力でコントロールしていけるかということですが、売上高1~2億円の段階に達したときが、中小企業の一つの分岐点となります。これより大きく成長させたいなら、個人商店の感覚から徐々に組織的な動き

を意識した内部統制を考えていかなければなりません。

前述のA社、D社の事例はすべて、私がコンサルティングをしている中小企業で発生した事例です。会社や人物が特定されないように業種などは変えて脚色はしていますが、事例の本質は多くの中小企業に共通するものです。よくある問題には次のようなものもあります。

- ●売上は伸び利益は上がっているのに現金が足りなくなる
- ●未回収の売掛金が増えていく
- ●在庫がどうなっているのか把握できない
- ●担当者の退社などの際に業務の引き継ぎができない
- ●新規融資が受けられない
- ●突然社員が辞めてしまう。原因が分からない
- ●管理職が勝手な行動をして社内を混乱させる

このような事態は日本中の中小企業のどこかでそれこそ毎日のように発生しているものです。実際、私の元には、このようなケースで悩んでいる社長からの相談が後を絶ちません。ここで重要なのは、これらの事態が顕在化してくるのには決まったタイミングがあるという点です。

もちろん業種や業態によって違いはあるものの、概ね売上高10億円、社員数30～50人程度の段階、というのが1つのタイミングです。

また、もう1点別な側面の要素を挙げると、営業所、支店、店舗などを増やし、多拠点展開を始めたときに生じるということもいえます。

ただ一般的には、多拠点展開をするのはやはり数億円の売上規模になっている段階ですから、まとめて売上高10億円、社員数30～50人と考えることもできます。

売上高10億円、社員数30～50人の段階になったとき、さまざまな問題が生じる、あるいは隠されていたものが顕在化してくる原因は、社長が会社の現状をすみずみまで把握できなくなるということに尽きます。

スパン・オブ・コントロールの先に行くために経営者に必要なこと

売上高1～2億円、社員数5～10人程度を超えれば、取引先も仕入先も増え、製造する製品数や提供するサービスが多様になります。スパン・オブ・コントロールの定義に従えば、このあたりが人が直接把握できる限界に近いラインです。この先の規模感になってくると、いよいよヒト、モノ、お金の流れが複雑になり、社長が以前のようには把握しきれなくなってきます。

また、社員の働きぶり、悩み、気持ちなど、以前はだいたい分かっていたことがどんどん分からなくなってきます。

それは逆に社員のほうから見ても、社長の考えていることや気持ち、会社が進むべき方向や目標といったものが見えなくなってくるということです。すなわち経営者が何でも直接コミュニケーションをとってすべてを把握したりするような、個人商店的な内部統制が効かなくなってくるのです。

そこで必要になるのが組織による運営、管理、いい換えると組織マネジメントのための内部統制の必要性です。

例えば社員数が増えるとどこの会社でも営業部、製造部など部門を分け、部門ごとにリーダーを立てて管理する仕組みが少しずつ導入されます。30人規模の会社になれば、複数の部署があり、場合によっては営業部の下に第1営業チーム、第2営業チームをつくるなど、より複雑になっているかもしれません。

ところが、このように構造的には一定の組織化をしている中小企業でも、その組織の運営、管理手法が個人商店時代のままになっているというケースは非常に多いのです。実際に部門をつくって組織的な形にしたのであれば、これらがうまく機能するようにしなければなりません。

例えば部門間ごとのコミュニケーションをどうやってとっていくのか？　社長への情報共有はどのようになされるのか、現場のことをどのように把握するのか。内部統制というのは、体制面の整備だけを指すのではなく、社内の組織をどうやってうまく連携させ、たくさんの社員や全国に点在する支店などをどう管理していくかといったすべての部分を指しています。そのように考えると、どうすれば社内の内部統制を整えられるのかは非常に難しい問題であることが分かります。

中小企業のための内部統制を身につける

ではなぜ上場企業では、先に挙げた諸事例のようなトラブルが大ごとにならずに済んでいるのか。それは年間を通じて社内の内部統制の整備・運用状況をモニタリングして、常に統制に障害となる要因を排除しているからなのです。

上場企業は法律によって会計監査や内部統制の整備が義務づけられています。上場時の審査では売上や利益といった基準のほかに、組織の運営、管理についても厳しい審査があります。それは組織的マネジメントのスタンダードとなるものです。

もちろん上場企業でも、ときには不正が起きたり、トラブルが生じたりすることもあります。しかし、だから内部統制が無意味だということにはなりません。内部統制の整備が義務づけられている上場企業においてさえも時には不正やトラブルが生じるのですから、それをしていなければどれだけ危険な状態であるのかと考えなければならないのです。

個人商店段階のままであれば、社長の目が日頃からすみずみまで行き渡るため、事例で示したような組織に絡んだトラブルや不正は起きにくくなります。

個人商店と、組織化された会社とでは、マネジメントや内部統制のやり方が、まったく違います。ところが、個人商店的な経営をしてきた多くの社長は、そもそも内部統制を整備した組織運営の基準があることを知りません。また、知ったとしてもどのようにしてそれを実現すればいいかは分かりません。

そこで私が本書で提案したいのは、中小企業が強固な組織体制を築くためにも、自社に適した内部管理体制を整備する（意識を高める）ことです。

内部統制は社長の想いを実現するための仕組みなのです。

［第2章］

伸び悩む中小企業の共通点は経理機能が弱いこと

大企業はルールと数字で統制されている

大企業と中小企業との違いとは、資本金、剰余金、売上高や従業員数といった規模の違いだけではありません。ある程度の段階の量を超えると、組織運営の質、つまり経営の質が違ってくるのです。というより、質を変えなければある程度以上の規模には成長できないといったほうがよいかもしれません。

つまり、中小企業がどんどん売上を拡大し、どんどん人を採用して規模が拡大していったとしても、そのままでは大企業にはなりません。中小企業と大企業とには質的な断絶があるのです。

その質的な違いが組織的マネジメントであり、内部統制です。内部統制が整備されて、組織的マネジメントが良好に行われることで、社員は組織的に動きます。

多くの人が働く巨大な組織がきちんと動いていくためには、誰もが間違いなく理解できる客観的な目標や評価の基準が必要です。そのためには数字が重要になります。

また、どのように行動するのかを定めたルールが必要です。さらには、ルールが守られているかをチェックする仕組みも必要です。これらが内部統制です。

大企業の中でも、特に上場企業の場合は、株主に対する目標や実績の情報開示（ディスクロージャー）が必ず求められます。例えば、このようなプロセスによって市場への影響力を強めて、これだけの売上、利益を達成しますという具合です。開示した目標が達成できなければ、なぜ達成できなかったのかが厳しく問われ、説明する責任があります。

株主という外部の目に常にさらされ、説明責任を負わされているため、明文化されたルールの元に行動し、数字によって評価されるという意識が、経営層には根付いていますし、具体的な組織的マネジメント手法や内部統制が整備されており、末端の社員に至るまでそれが浸透しています。

明文化されたルールと数字による評価が定着していれば、異動、退社などにより各業務部署で人の入れ替わりがあったとしても、その引き継ぎはスムーズです。

そして、それは会社全体で見ても同じことなのです。現に大企業では、社長が交代しても、会社自体は変わることなく続いていきます。

中小企業は経営者一人の力で統制されている

米国、アップル社のスティーブ・ジョブズは、56歳という若さで、病により急逝しました。しかし、稀代のカリスマ経営者として同社を率いたジョブズがいなくなったから、アップル社がその後急に変わったり衰退したりしたかと言えばそんなことはなく、その後も成長を続けています。

東京電力やJR東日本が、社長が交代したからといって突然料金を変えたり、サービス内容を大きく変えたりすることは考えられません。実際、創業者ではなく、創業一族とも関係のないサラリーマン社長が経営者を務める上場企業は少なくありません。

ルールと数字で組織が動いている大企業は、たとえ経営者が交代しても安定して続いていくのです。

しかし中小企業でも、ルールや数値管理がまったく用いられていないわけではありません。ほとんどの中小企業で売上高、営業利益、当期利益といった数字は集計されていますし、経営会議などの議題にもなります。にもかかわらず、上場企業と非上場企業の中小企業においては、パフォーマンスに圧倒的な差があります。中小企業の組織を統制しているのは数字や理屈ではなく、経営者そのものであり、経営者が掲げる理念や理想です。

こういうすばらしい製品を世の中に提供したい、こういうサービスを必要としている人に届けたい、あるいは社員の全員が豊かに暮らせるような給料を払いたいなど、中小企業の経営者は種々の理想や理念をもって経営に当たっています。

そして、その経営者の気持ちや目指す方向を社員が理解し共有すること、社長と一緒にその目標に向かって動いているのが中小企業です。中小企業でのルール（内部統制）は社長そのものなのです。

理念や理想という点では共有ができていてもこれを達成するための数字による評価や客観的な分析というものができていないのが中小企業です。そのため、規模が大きくなってくると、これまでは経営者一人でできていた内部の統制が取れなくなってくるのです。

なぜ数字による管理は優れているのか？

大企業の組織的マネジメントの要諦は、明文化されたルールと、数字による管理です。

ルールによってやっていいこと、やってはいけないことが定められます。

組織的マネジメントにおいて数字を用いることが大事な理由は2つあります。第一には、数字というのは、誰が見ても同じという客観性がある点です。第二には、量を可視化して計測可能であるという点です。

いまや業務活動の基本的なサイクルとして認識されたPDCAサイクルですが、PDCAの基本的な考え方にも定量的な評価、つまり数字による管理が中心にあります。

PDCAサイクルではまず、行動の目標や計画を定めます。このとき目標達成に向けたKPI（Key Performance Indicator）を設定します。KPIとは日本語にすれば、重要業績評価指標となり、目標を達成するために重視すべき指標のことです。例えば目標が売上1億円の達成とすれば、そのためのKPIとしては、架電数や商談回数などが考えられます。1億円という目標を達成するために必要な架電数を1000件、商談数を100件と設定し、実際の行動結果と比較することで、行動を定量的に評価することが可能になります。

また、数字によるマネジメントはコミュニケーションの基盤にもなります。主観の余地が入りづらいので、客観的に評価しやすく、比較しやすい、そして継続的な観測が可能になるというのが数字の利点です。最近頑張っている、といった定性的な評価ではなく、この数字がこれだけ改善されたという評価は客観的であり、誰でも共通に理解できるからです。

マネジメントや組織管理の手法には、様々なものがあります。例えば、メンターによるコーチングもあれば、当事者が組織を改良していく支援をする組織開発（Organization Development）などの手法もあります。心理的安全性を重視した組織づくりといったこともいわれます。

こういったマネジメントにおける種々の手法や考え方と数字によるマネジメントは、定性的なマネジメント手法とは対立するものではありませんし、選択的な関係にもありません。

数字による管理はあらゆるマネジメント手法を用いるときの基盤となるものです。つまり、メンターがコーチングをするのであれば、そのコーチングの内容において客観的に評価できる数字を用いるべきだということです。

定性的なコミュニケーションではなぜダメか

マネジメントの基本として報連相（報告、連絡、相談）ということがよくいわれます。もちろん、報連相は、業務コミュニケーションの基本であり、的確に行われなければならないものです。しかし、上司が部下に報連相をしろというだけでは、実はあまり効果のあるマネジメントはできないのです。

報連相を正しく行うために留意すべきことは2点あります。一つは、報連相をする内容があいまいで、恣意的になることです。しかし、会計数値に結びつくものは必ず報連相をするというルールにしておけば、なにを報告するのか、しないのかという判断にブレが生じません。これはたいしたことないから報告しなくていいという勝手な判断を許さないということです。

また、その方向の内容が努力などといった定性的な情報だけでは、改善の指示を出すことも難しくなります。

もう一つが、なんでもかんでも相談するよう命令していると自分で判断する主体性が奪われてしまうということです。目標が達成できなかったという報告をして、どのようにすれば目標を達成できるのかを相談するのでは、それは単なる指示待ちであり主体性のある相談ではありません。

一方、１００軒訪問をして10軒で成約を取る、という数値で目標を与えて、やり方は自分で考えさせれば社員に主体性が生まれます。結果として90軒しか訪問できず、８軒しか成約できなかったという報告があった場合、ではあと10軒訪問するには、業務のどこをどう改善すればいいのか、あと2件の成約を増やすにはどうすればいいのかといったことを相談できるようになれば、単なる指示待ちではない主体的な業務行動になります。

ライン部門とスタッフ部門

経営学にはライン部門とスタッフ部門という組織構成の考え方があります。

ライン部門とは開発、製造、営業など、会社の売上（事業）に直接結びついている活動をしている部門です。一方、スタッフ部門とはライン部門の活動を支えたり、会社全般に関する業務支援を行う部門で、経理、人事、総務、経営企画などです。

各ライン部門には部門長（責任者）がおり、ライン部門内での業務管理を行っています。しかし、ラインの部門長が会社組織全体のマネジメントを行うことはできません。それを担うのは社長をはじめとする役員ですが、そのサポートをするのもスタッフ部門です。

個人商店段階の企業では、社長がほぼ1人でこのスタッフ部門の機能をも担っています。それに加えるとしたら、せいぜい社長の家族などが帳簿を整理する経理担当者として働いているといった程度だと思います。

しかし、売上高10億円規模、社員30～50人規模になった企業で、社長がスタッフ機能をすべて担当することは困難になります。

創業社長として起業する人は、大きく分けて営業が得意だった営業系出身者か、新しい製品やサービスを考案、開発するのが得意だった、開発・技術系出身者に大別できます。ほとんどの中小企業の創業社長はどちらかのタイプです。そのため、かなりの規模の会社になっても社長がトップ営業マンだったり、あるいはトップ開発、技術者だったりする、つまりライン部門のトップとして働いている場合が多いのです。

社長がライン部門のトップとしての仕事に従事しながら、拡大した組織のスタッフ機能をも並行してこなしていくことは、よほどのスーパーマン的な能力をもった人物でなければ不可能です。

そのため、社長がスタッフ機能をも主に担っている中小企業では、組織規模、あるいはライン部門の規模から見て相対的にスタッフ機能が極めて貧弱になります。いい換えれば、マネジメントがアンバランスな状態です。

そのアンバランスがさまざまなトラブルを生む要因となり、ひいては、企業のそれ以上の成長を阻む要因となるのです。

内部統制、組織マネジメント強化の第一歩は経理部から

そこで、社長が行っていたスタッフ機能の一部を代行するものとして、スタッフ部門を充実させる必要が生じます。これは、社長1人に帰属していた経営管理機能を社長＋スタッフ部門へと分散・拡張することだといえます。イメージとしては、社長の身体機能、特に脳や五感を拡張させる役割を担うのがスタッフ部門です。

例えば、社長の考えを確実にライン部門に伝えるための声の役割や、ライン部門の状況

を確実に認識するための目や耳の役割です。もちろん、どうすればライン部門がより効率的に動き、生産性を高めることができるのかを考える頭脳や、そのために実際に行動する手足の役割も担います。

あるいは社長がパソコンだとするなら、それとつながった高性能の外付けのマイク、カメラ、スピーカー、ハードディスクなどの役割をするのがスタッフ部門だともいえます。

逆にいうと、スタッフ部門に自らの身体機能の拡張となるような仕事をさせることで、どんな社長でもスーパーマン的な能力を発揮することができるようになり、それが会社のさらなる成長の原動力になります。多くの中小企業で中心的なスタッフ部門となるのが経理部です。もう少し大きな規模になると、経営企画部や総務部、人事部といった部門が設けられますが、売上高10億円、社員数30~50人程度の規模では、経理部（総務機能を含む）だけという企業がほとんどだと思います。

経理部では会社の決算に関わる経営数値全般を収集し、記録、集計しています。そのため、上場企業のような数字によるマネジメントを実現するためには、経理部が力を発揮することが不可欠なのです。

そこで、中心的なスタッフ部門であり、かつ会社の会計を管理する役割でもある経理部が社長やライン部門（長）をしっかりとサポートしていくのが中小企業の理想的な姿だといえるのです。

経営者は会計・経理の重要性を認識しなければならない

しかし、実際には経理部が本来の役割を果たしていないのが、多くの中小企業の現実です。理由は簡単で、多くの中小企業の社長は営業や開発、技術などライン部門の出身であり、マネジメントにおけるスタッフ部門の重要性や共通基盤としての会計についてあまり理解していないためです。実際、中小企業でスタッフ部門、とくに経理部出身の社長はほとんどいないはずです。

そのため、売上に直結しない経理部門は、事務処理や税務申告という法律で定められた義務のために置いているコストセンター（コストだけがかかる部門）だと考えてしまうことが多くなるのです。経理部門がコストセンターであるということは事実です。いくら正確な経理をしたところで、それが直接売上増加に結びつくわけではありません。ですから、必要以上に経理部の人員を増やしても、それは当然無駄になります。

しかし、ただ請求書や領収証を整理するだけの部門であるととらえ、とにかく必要最小限のスタッフだけがいいと考えて実際に経理部が事務処理や決算をまとめるための集計業務しかできないのであれば、マネジメントしての役割を果たすことはできません。

無駄に経理機能を強化する必要はまったくありませんが、単なる集計業務ではなく、社長やライン部門（長）をしっかりとサポートする機能を担う部門であるべきなのだという認識はもち、それに応じた人員を配置し、またそういった業務をさせるべきです。

経理部がマネジメントで果たせる役割は、社内全体の計数管理やコミュニケーションの基盤となる情報（数字）を提供することです。それは、ライン部門にはできませんし、また、ほとんどの場合、社長にもできません。経理部にしかできない仕事なのです。その重要性を社長は認識しなければなりません。

会計情報から、会社のさまざまなことが見えてくる

社長やライン部門長が経理部のサポートのもとで数字によるマネジメントをすると聞く

と、奇異に感じる社長がいるかもしれません。

実際、経理の仕事は帳簿をつけてお金の管理をすることと、決算書や試算表を作ることだと理解している社長のほうが多数派だと思います。その前提で考えれば、それがマネジメントとどう関係あるのかと疑問に感じるのも無理からぬことです。

ここで理解すべきは、経理と会計は違うということです。

証憑類や帳簿を整理、集計して試算表や決算書を作る業務は経理業務です。会計の一部ではありますが、会計そのものではありません。

会計とは、会社で行われるすべての活動を数字に置き換えてそれを集計、評価して、報告する仕組みの体系です。会計という共通体系があることで、会社のすべての業務活動は計測可能なものとして可視化され、評価されます。

会社の業務は、必ず数値として会計情報になり、最終的には決算書の数字としてまとめられます。会社の業務はすべて会計とひも付いています。

会計情報というのは、取引のすべてを数字で記載しています。例えば、社員が会社のお金で何か業務に必要なものを購入したのであれば、経費として帳簿に計上されます。

そのようにして、一定期間のすべての業務を数値化して集計し、共通性があるものを共通項で括ってまとめた要約結果が、月次の試算表や年次の決算書です。

中小企業にとって決算書は法律で義務づけられた税務申告に使われるものであり、その数字によって税額が左右されますから、その意味でも社長からは重視されます。しかし、利益を正しく申告して正しく納税をするための決算書というのは、あくまで国の課税政策上求められているものです。その意味で、会社の業務活動を可視化して評価する体系であり、情報インフラであるという会計の本質とは別の文脈で位置付けられているのです。

中小企業は経理部をうまく使えるかどうかでマネジメントの質が変わる

経理部の業務が決算書作成だと思われるのは、税務申告という会社にとって不可欠な業務を担っているためです。しかし、経理部の業務の本来あるべき姿は、会計情報を正しく処理し、その情報を整理整頓して分かりやすく提示することにより、ライン部門での数字によるマネジメントをサポートすることです。

それは、会社の中で唯一、会計という情報インフラの扱いに精通している経理部にしかできない業務なのです。

経理部のサポートにより、すべての部門が会計という共通言語を身につけ、数字によるコミュニケーションを取れるようになれば、組織的マネジメントや内部統制の質は格段に向上します。それがトラブルや問題の発生を未然に防止することにつながるのです。

現場のマネジメントで使える数字を抽出する

数字を用いたマネジメントや計数管理という言葉を聞くと、決算書の数字を、そのままあるいは加工して用いて、目標設定などをするのかと思われるかもしれません。

もちろん、社長が決算書の基本的な読み方、少なくとも、損益計算書と貸借対照表の各項目がどんな意味であり、自社においてはどのように推移しているのかといったことを知らないのは、問題です。

会社全体の過去を振り返り中長期的な方向性を考える際に、決算書に集約された数字やそれを加工した経営指標と呼ばれる数字――例えば、自己資本比率や在庫回転率、粗利率、売上高営業利益率、総資産利益率（ROA）といったもの――は、目安として経営の

～決算書・数字の活用（＝読む）～

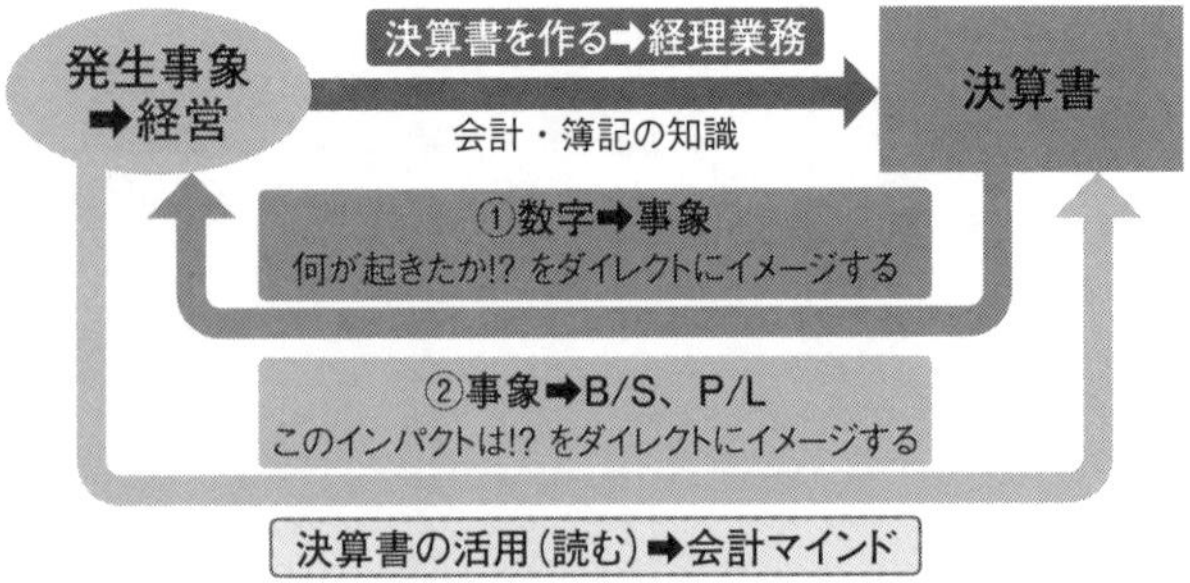

☆推測力・想像力＋少しの会計・簿記知識

《ポイント》
1、ザクッとつかむ（要約、視覚化する）
2、比較する&分解する

参考になります。それらの数字を業界の平均値などと比べることで、自社のおおまかなレベル感も分かります。

また、対外的にもそれらを用いて自社の過去から現在に至る業績推移や将来の目標などを説明できることは大切です。銀行の担当者から、自己資本比率が下がり続けているためこのままでは債務超過になると言われてその言葉の意味がすぐにピンとこないようでは、経営者としての基本的な知識に欠けていると非難されても仕方ありません。

実際、世の中には社長のための、あるいは管理職のための「決算書の読み方」

といった書籍もたくさん出回っています。必要だからこそ、決算書を読めるようになりたいというニーズは根強く存在するのです。

経営者は経理部と一緒に、数字で会社のマネジメントをする

しかし、ここでいう数字によるマネジメントとは、売上高や営業利益率といった数字の目標を設定しようとか中期経営計画を立てようといった話そのものではありません（それらも重要なことですが）。

それらの数字は会社全体の方向性を社内外に示すものとして必要なものではあるのですが、業務の現場のマネジメントでは使えない数字なのです。ちょっと考えてみれば分かります。来期は売上高を1億円伸ばそうとか、営業利益率を2％増やそうといっても、製造や開発の日々の仕事とそれを直接結びつけて考えることはできません。日々の業務行動が最終的には決算書の数字に集計されるといっても、そこに至るまでの飛躍が大き過ぎて現場ではまったく使えません。

しかし、日々の業務行動の結果として未来の決算書が作成されることは事実です。つま

り、日々の業務行動と決算書は会計という体系の中で、絶対につながっているのです。

それならば、そのプロセスを逆にたどって、決算書や試算表にまとめられた数字を分解して業務の現場で生成される時点にまで戻したうえで、それをどう変えれば来期は売上高を1億円伸ばそうとか、営業利益率を2％増やそうといった全社的な目標値に結びつくのかを示してあげればいいのです。

このプロセスは経理部にしかできません。だからこそ、経理部は社長といっしょに数字によるマネジメントを担わなければならないのです。

ほとんどの経営者は経理機能を理解していないから成長できない

中小企業が売上高10億円、社員数30～50人の壁を越えて成長を続けるには、組織化や内部統制が必要です。そして組織化の基盤となるのが、会計とひも付けられた数字によるマネジメントです。

また、数字によるマネジメントに使う数字とは、決算書にまとめられたような大きな数字でなく、現場で使える数字です。そしてそれらの数字を作り、数字によるマネジメントを実施していくためには、会計に精通している経理部の役割が重要であり、社長と経理部がペアを組んで取り組んでいく必要があります。

ところが、実際の中小企業を見ると、そのような施策が実施されていることはほとんどありません。

その理由は、社長自身がライン部門の出身であるため、経理部の役割を理解していないこと、また、経理部の仕事は証票類や帳簿をまとめて決算書を作ること、お金の管理をすることだと勘違いしていることにあります。

そして、社長がそのように理解していれば、ライン部門の社員も、当の経理部の社員自身も、経理部の業務をそのように理解するようになります。そのため、数字を用いたマネジメントが行われることはなく、組織的な運営や内部統制の整備も可能にならないのです。

今後は数字をベースにした経営管理の重要性が高まる

数字をベースにした経営管理の重要性が高まっている一つの理由として大きいのが新型コロナウイルスの感染拡大とアフターコロナの状況です。コロナ禍のショックが最初に社会を襲った2020年春からしばらくの間、激しい事業環境の変化に見舞われた中小企業を支援するために政府の財政出動により大盤振る舞いともいえる金融支援が実施されました。それまでの保証とは別枠での保証枠の設定や一定期間の金利の減免などです。

ほとんどの中小企業はコロナで悪影響を受けたため、こういった優遇融資制度を利用して、借入を増やしコロナ禍を乗り越えてきています。そして、年商に近い借入額となってしまった企業も少なくありません。その金融支援によって与えられた猶予期間で事業構造の転換や生産性向上を成し遂げ、収益性を向上させている企業は問題ありません。しかし、そうではない企業には今後、コロナショックで増えた借入の返済負担が重くのしかかってきます。

いわば非常時のコロナショックが終息し、平時に戻れば金融機関の対応も変わってきます。膨らんだ借入をどのように返済していくのか、そのために、事業構造の転換や生産性向上にどれだけ取り組んでいるのかが経営者に厳しく問われるようになるのです。

そのときに、きちんと根拠のある数字をベースにして的確な説明ができれば問題ありません。しかし、金融機関から経営指標などの数値を問われたときに数字は経理に任せているなどと言って答えられないような社長では、例えば追加融資を受けることなどは非常に難しくなり、下手をすれば借り換えもできないということになりかねません。

そしてもう一つは２０２２年以降急速に進行している世界的なインフレや円安など、マクロ経済の大きな変調です。

日本では20年以上、低金利、物価安定の時代が続いてきました。それが良いわけではないのですが、経済が低位安定していることは経営環境の変化が少ないという意味では経営しやすい環境であるともいえました。

ところが、今後はその環境も大きく変化するかもしれません。アメリカをはじめ海外ではインフレーション（持続的な物価上昇）が進行しており、為替相場の円安もあって、輸入物品の価格は大きく上昇しています。製造業や食品業などでは、原材料価格高騰の悪影響を受け始めている企業も少なくありません。

日本国内では、現時点では経済全体の本格的なインフレの兆候は見られませんが、今後はどうなるか分かりません。もし近い将来にインフレになり30年ぶりに日本経済に利上げの時期が来れば、経営環境は大きく変化します。若い社長でインフレ時代の会社経営をした経験がある人はほとんどいないと思います。融資の借入金利も、原材料や光熱費も、従業員に支払う給料もすべてのコストが毎年上昇していくような環境では、これまで以上に厳しく数字を管理する経営が求められるようになります。

［第3章］

経理機能を強化すれば、現場で起きていることを細かく、正しく、素早く把握できる

使える数字、使えない数字がある

会社の規模が一定程度（売上高10億円、社員30～50人程度）に成長すると、社長の個人的な能力だけに頼ったマネジメントや定性的な情報のみに頼った組織運営は限界を迎えます。すると、次のような問題が生じるようになります。

●部門間の壁ができ、社内でのコミュニケーションが不活性化する。共通の目標に向けて進もうという社内の一体感が失われてくる
●顧客、取引先、仕入先とのトラブルが増える。取引先などからのクレームが増えるが、クレームも社長まで届きにくくなり、届いたときには大問題となっていることがある
●資金繰りが見通しにくくなり、思わぬ出費、想定外の入金不足などよる資金残高不足が起こることがある
●小さなものでは経費のごまかし、大きなものでは売上の横領、取引先からのキック

バックの受領などさまざまな不正行為が起こる

- 原価率が上昇し、利益率が落ちる
- 残業が増えて、利益率が落ちる
- 社員が退職したあとの引き継ぎがうまくいかない
- 銀行からの新規融資や借り換え融資が受けられなくなる
- 法人税の申告漏れを指摘されて、追徴課税を受ける

こういった問題を解決あるいは予防するのが内部統制の整備であり、数字を用いた組織的なマネジメントです。上場企業であればどんな会社でも行っているものですが、私が依頼を受けて会社を見に行くと、ほとんどの中小企業では、数字をうまく使えていません。

中小企業にも経理部があり、日々ライン部門から上がってくるさまざまな数値情報を集計、整理して、最低でも毎月の月次決算書（試算表）は作成してそれを社長に報告し、社長はその試算表により年度の途中での予算と実績の差を確認しています。

中小企業における経理部でも、そこから数字がアウトプットされてはいるのです。とこ

ろが、数字を用いた有効なマネジメントはなされていません。経理部の仕事が組織的マネジメントに役立っているという中小企業はほとんどないのです。

それは、その数字がマネジメントには使えない数字だからです。もちろん、決算書の数字は法人税や消費税の税務申告、あるいは金融機関から融資を受ける際の提出用などとしては、きちんと使えます（使えなければ大問題です）。しかし税務申告に使える数字＝マネジメントに使える数字ではありません。

この使えない数字を使える数字に変えて、数字をベースにしたマネジメントが可能となる環境を整備することこそ、売上高10億円、社員30～50人の壁を突破するために、社長が取り組むべき最重要課題なのです。

【使えない数字①】比較できない（対象がない）数字

どんな中小企業でも決算書は作成していますし、多くの場合、月次決算書（試算表）も作成していると思います。しかしそれがマネジメントには使えない数字であるとはどういうことなのかを確認していきます。

使えない数字は、まず比較できない数字です。例えば、今期1期分の売上高の数字があっても、それだけではまったく使えません。当然ですが、売上高10億円だとか営業利益1億円だとか言われてもそれが良いのか悪いのか、あるいは良くなっているのか悪くなっているのかの判断がまったくできないのです。

そもそもマネジメントとは、現状を点検してうまくいっていないところを可視化し、それを改善して以前よりも良い状態に変化させるプロセスです。ポイントは変化、ギャップ(差)をつかむことにあります。

例えば売上高にしても過去(数期間)の数字を基準にして、増えているのか減っているのか、増減の割合は増えているのか減っているかといった比較ができなければ意味がないのです。

【使えない数字②】大きな数字

会社全体というような大きなカタマリとして出される数字も、使えない数字です。

例えば、

●前期の売上高が10億円、営業利益が1億円
●今期の達成予算が11億円、営業利益が1億1000万円
だとします。

売上や利益は各四半期で平均的に計上されるとして、上期まで経過した時点での実績が、
●売上高5億円、営業利益5000万円
であれば、売上が1億円、利益が1000万円不足しています。

経理部から上げられてくる月次決算書（試算表）には、そういう数字は報告されます。

ここで、幹部が集まる月次の経営会議において、社長が売上予算の達成は1億円、利益は1000万円不足していることを報告し、下期はその不足を取り返して目標の達成に向けて努力するよう訓示をしてもまったく意味がありません。各人にとっての身近な数字になっていないため実感がつかめないない状態だからです。

決算数字が役に立たない理由①　部門長は部門の数字にしか責任をもてないため

決算書（試算表）で提示される、売上、販管費、営業利益といった数字を社長が経営会

議で提示しても役に立たない理由は、部門長は各部門の数字しか管理できず、また責任ももてないためです。

数人で運営している個人商店時代であれば、みんなの会社だからみんなで会社全体のことを考えて動こうといった、いわば定性的な共感をベースにしたマネジメント手法も通用したかもしれませんが、組織化としている会社では、そのようなやり方は通用しません。

部門長は、全社の売上、全社の費用などの大きな数字を見せられても、それは社長が考えることだとしか思いません。組織で権限と責任を分散させることとは、逆にいえば部門長の責任を限定するということですから、そのように部門長が考えるのは当然のことなのです。それに対して、社長がもっと会社全体のことを考えろというのは矛盾しているともいえるのです（大事なことではありますが）。

決算数字が役に立たない理由②
ライン部門はすでに十分努力をしていると考えられているため

仮に、社長の訓示を聞いて部門長が頑張ろうと思ったとしても、何をどう努力すればばいいかが分かりません。

なぜなら現状で、手を抜いてさぼっている部署はないからです。今でも一生懸命仕事をしていて、それで予算の達成ができていないのです。それなのに、今よりも高い成果を上げろと言われれば、では、どうすればいいのかということになります。

現状でも目一杯働いていて予算目標が達成できないのであれば、そもそも10％アップという予算の設定が適正だったのかと疑問が生じます。

予算の設定の際に各部のボトムからの数字の積み上げもなしに、前期から今期は8％アップだったから来期は10％アップできるなどといったほとんど根拠のない決め方がされているとすれば、それはまったく使えない数字です。

決算数字が役に立たない理由③　具体的な行動に結びつかないため

さらに、これから下期で売上の1億円、利益1000万円のアップを目指すといっても、それを具体的にどのようにして達成すればいいのかはその数字からは何も分かりません。

どの部署がどの製品をどれだけ売ればいいのか、あるいはどの部署がどの経費をどれだけ削減できる可能性があるのか、そういった具体的な行動につながる数字が使える数字です。

あるいは、前期は5000万円だった売掛金が今期は8000万円に増えているという大きな数字が出されたとします。売上の増加率以上に、売掛金が増加しているということは、それだけ回収が遅れていることを示します。つまり現金不足が進行しているということです。早急に対策を講じるべき事項です。

しかし、売掛が増えているので、営業部員の人は回収に励んでください、といったところで、全体に平均的に売掛金が増えているということはあり得ません。どの取引先にどれだけ、どのくらいの期間の未回収があるのかを確認し、金額が多いあるいは期間が長いところから重点的に取り組むべきです。しかし、売掛金全体という大きな数字を出されても、どう行動すればいいか分からないのです。

あるいは、水道光熱費、人件費などの費用なども同様です。工場で複数のラインで製造をしているような企業であれば、水道光熱費などの無駄の確認は、費用削減のためには重要な項目ですが、会社全体の水道代や電気代を丸ごと出されても、それを効率的に削減することにはつながりません。工場のラインごと、機械ごとの光熱費が分かって、はじめて最適化が可能になるのです。

売上や利益といった大きな数字は、その数字をベースにした具体的な指示を出すことはできないのです。社長にとってもラインの現場の社員にとっても、使えない数字です。

【使えない数字③】古過ぎる数字

中小企業でも、決算は年に一度の本決算のみであり月次の決算（試算表）の確認をまったくしていない、という会社は例外的だと思います。

試算表に示される大きな数字も予算に対する実績の進捗率を確認し今後の大きな方向性を定めるためには有用で、社長が使う数字としては一定の役割は果たせるためです。

しかし、それは現在あるいは少なくとも直近のものでなければなりません。1カ月も前の数字であれば、現在の状況はすでに変化してしまっている可能性が高いため、使えない数字となってしまいます。

ところが、一般的な中小企業では、経理部が月のデータ集計を締めて月次の決算（試算表）を出すまでに3週間程度かかることは普通です。外部の税理士事務所に月次決算を依頼している場合でも同様です。なかには月末近く（翌月）になって、ようやく前月（前々月）の決算数字が見られるという場合もあります。それでは現場に活かすことはもちろん、大まかな経営の方向性をつかむといった目的にさえあまり役に立たなくなってしまいます。

また、資金の出入りを表す資金繰り表のような資料の場合には、1カ月後の予定といった短期の将来が分かっても、やはり有用性は低い数字になります。

【使えない数字④】ラインで使われている数字とずれている数字

経理部では、基本的にラインからの報告があって、初めてそれを仕訳として経理処理します。会計システムで処理されるのは経理部で仕訳をした数字ですから、それが唯一の共通基盤の数字であるべきです。このことが会計情報がインフラになるという意味です。

しかし、実際のところラインの現場では、経理部が扱う数字とは別にその現場だけで通用する数字を使って業務を管理していることがあります。

例えば、営業部では取引先から受注をした段階で売上にカウントすることがあります。

月や期の予算目標があれば、受注によって売上予算を達成したと考えるのです。

しかし、会計の考え方では売上が確定して請求書を発行し売上高／売掛金の仕訳を切って、初めて売上として認識されます。そこに現場の感覚とのズレが生じるのです。

例えば月末近くに受注して、営業部では今月の予算を達成したと考えているとします。ところがこのような場合、自社から請求書を発行できるのは翌月末以降になるということが普通でしょう。会計処理のルールとしては、受注した仕事を完了した翌月以降の売上になります。

しかし、経理部の人が営業部の人に、来月以降の売上になるので今月予算は達成していないと言ったところで、営業部の人は理解できず喧嘩になり、経理部が出す数字は使えないということになってしまうのです。

あるいは、購買（仕入）の数字も同様です。例えば、購買部の人は何をいくらで仕入れた、という数字を管理しています。場合によっては、同じものをE社とF社から仕入れ、両者で仕入価格が異なるということがあります。あるいは同じ仕入先でも、時期によって価格が変動する場合もあります。購買担当者は、少しでも安い調達先から仕入れることを努力します。

また、卸売、商社系の会社などでは、同じものを同じ仕入先から仕入れていても、仕入担当者ごとに価格が違うといったこともあります。

一定期間内に、同じ物品に対して複数の仕入価格がある場合、経理部のほうでは、平均法や、先入れ先出し法、後入れ先出し法など、あらかじめ定められた会計ルールによって払出（購入）単価の計算をしていきます。すると、例えばある月に、購買部が実際に仕入れた価格と、経理部が計上している価格が異なるということが生じます。購買部からすれば、経理の出す数字は使えない数字だということになってしまいます。

あるいは、製造部では原価管理が重要です。工場などの現場では今、原価がどうなっているのかということが気になり、これは仕入や費用の支払いを集計している経理部でなければ分からないので、製造部は経理部に確認を求めます。

ところが、経理部では仕入先からの請求書が届いて、その数字を仕訳として計上、集計しなければ正確な数字が分からないといいます。仕入先企業では通常、納品をした月の月末で締めてから請求書を発行しますから、翌月10日くらいに経理部に請求書が届きます。

経理部ではそこから内容を確認し、仕訳を切って費用として計上します。すると、早くても納品された翌月中旬くらい、経理部の仕事が忙しい時期などは少し遅れて1カ月後くらいに、ようやく原価が分かるということになりますが、あくまで勘定科目別での集計結果にすぎません。

水道光熱費なども同様で、電気代でも月ごと、水道代などは隔月ごとにしか請求書が来ませんから、それが届いて計上してとなると、やはり現場が求める数字としては使えないものになってしまいます。

【使える数字①】　分解され、比較できるように加工された数字

社長や部門長が計数管理をするために使える数字は、使えない数字の裏返しとなります。まず、大きな数字は分解して小さな数字にすることが、第一のポイントです。簡単にいえば、マネジメントに役立てられるように、数字を加工するということです。例えば、売上高であれば、次のような細目に分解加工することが考えられます。

●部門別（営業1課、営業2課など）や支店別
●取引先別
●製品ライン別

分解といっても、この段階では、かなり大括りの分解です。

まずこのように、横の分解をします。どこまで細かく分解するのかは事業内容や企業の規模によっても異なります。例えば、場合によっては次のような細目まで分解することもできます。

●営業担当者の個人別
●工場の生産ライン別、機械別
●製品アイテム別

次に、分解された各項目について必要に応じて比較が可能なように単位の共通化などを

はかります。個人別などの分解であれば個人で比較ができます。しかし店舗別などの場合、例えば店舗別の売上高という数字にもそれなりに意味がありますが、A店、B店、C店で売場面積がそれぞれ5坪、10坪、30坪になっているとしたら、C店がA店よりも売上高が大きいのは当たり前です。そこで、1坪あたりの売上高といった形で、比較可能なように単位を共通化してさらなる分解をします。

また比較については、時間軸での分解も重要です。月次の試算表をベースにしているのなら、月を単位として、1月、2月、3月……、と、比較をして変化をつかめるようにするのです。必要に応じて、週次や日次といった単位に分解する場合もあります。

そして、分解された各要素について時系列の推移と掛け合わせて加工すれば、詳細な変化が分かります。異なる分解の仕方をしたデータを組み合わせて集計するいわゆるクロス集計です。そうすると、数字によって業務の現状や動きが見える化されてくるのです。

こういった現状や動きが見えてくれば、そこから次には店舗ごと、部門ごと、部員ごと、製品ラインごと、アイテムごと、取引先ごとなどに、具体的な改善の打ち手を探ることができます。業務の動向を見える化し、具体的な改善アクションの根拠になる、これこそがマネジメントに使える数字ということです。

このように売上高という一つの要素だけでも、その大きなカタマリの数字を分解して掛け合わせるという加工をするだけで使える数字に生まれ変わります。

売掛金、原価、販管費などの大きなカタマリの数字ごとに、これらの分解・加工をして使える数字を作っていきます。

【使える数字②】現状が分かる、または将来が見通せる数字

使える数字の2つめの要素として、会社の現状が分かる、あるいは将来が見通せる数字であることが挙げられます。

会社の現状把握のために、社長に用いられている数字の一つが、月次の決算（試算表）です。月次の決算を出すこと自体には意味があります。問題はそのタイミングです。

経理部では基本的に、ラインの各部から上げられるデータを集計して、アウトプットをします。したがってアウトプットされる数字はどうしても過去のものになります。数字となる事象が発生してから、それが経理部に上げられ、そして集計されるまでに一定のタイムラグが生じるのはやむを得ません。

ただし、そのタイムラグが1カ月なのと、1週間なのとでは大きな差です。締め日から1カ月近くも経って決算書が出されても、ズレが大き過ぎて役に立ちません。

結論からいえば、決算は頻度が多ければ多いほど、そしてデータの締めから決算を出すまでのタイムラグが短ければ短いほど、会社の現状が分かる、使える数字になります。

現に上場企業のなかでも、数値管理を重視する先進的な企業では日次決算を行っています。毎日決算の数字を出しているのです。

もちろん中小企業で日次決算まで行う必要はありませんし、また経理部のリソース面から考えても不可能かもしれません。

しかし、経理部には可能な限り早く月次決算を出させるべきです。私は、社長がその気になればどんな会社でも、月末からの締め日から5日後には試算表が出せると考えています。

毎月、月末の締日から翌月の5日に決算の数字が得られるなら、それは中小企業のリソースで考えて現実的に作成可能な使える数字としてはベストだといえます。月次決算は翌月5日以内に出なければ、使える数字にはなりません。

　また、将来を見通せる数字としては資金繰り表があります。資金繰り表は、キャッシュ（現金や預金）の将来の収支を予測して、運転資金のキャッシュ不足を防いだり、投資の意思決定をしたりするために役立てます。

　月次決算の試算表は作成している企業でも、資金繰り表は作っていないという場合もあります。しかし、余程、資金にゆとりのある会社を除き、資金繰り表は絶対に作成すべきです。

　企業の存続にとって最も重要なのはキャッシュの状況です。決算書上の売上が減ろうが営業利益がマイナスになろうが、それは直接的には、企業の存続を脅かすものではありません。しかし、キャッシュが不足して従業員の給与や原材料の仕入代金が払えなくなれば、それはすぐに事業の停滞を招き企業の存続を脅かします。最近は昔よりも減りましたが、手形を振り出している会社の場合、キャッシュの状況を把握することはさらに重要です。手形の引き落としができない手形事故を6カ月以内に2回起こしてしまうと銀行取引停止処分＝事実上の倒産となるからです。

キャッシュ支出については、毎月決まっているものやある程度将来まで確定しているものがあります。また、現金商売なのか掛け売りなのかというビジネスモデルにもよりますが、将来の収入についてもある程度の予測は可能です。

また、資金繰り表のような将来の数字を作っておくと、将来それを見返してどれだけの差異が生じたのか、差異が生じた原因はなんだったのかなどを振り返ることで、経営を改善するポイントがつかめます。

例えば、想定以上に経費が掛かったために資金繰りが思ったよりも逼迫してキャッシュの残高が少ないということがあれば、なぜそんなに経費が掛かったのかを分析しなければなりません。

その際に、「使える数字①」で行っている分解、加工されている原価があれば、仕入先Aからの仕入れ品Bの値上げが影響している、といったこともすぐに分かります。そうすれば、その仕入担当者にその値上げの理由を確認させ、仕入先を変更することが可能かどうかを調べさせるといった対応もできます。

将来を見通せる数字があるということは、あとから振り返って改善ポイントを探せるということにもつながるのです。

それらをまとめた資金繰り表は使える数字というより、社長にとってはぜひとも使わなければならない数字だといえます。資金繰り表は将来のキャッシュ不足というリスクが可視化される資料です。

他にも、会社に生じるリスク要因はさまざまなものがあります。すべてのリスクが会計情報として数値化されるわけではありませんが、数値化できるリスクもあります。例えば、販売先から売掛金が回収できなくなる貸倒れリスク、過剰な在庫が陳腐化して評価減となる在庫リスクなどがあります。そういった会計上の数値として表されるリスクについては、やはり将来を見通せる資料としてまとめられて初めて使える数字になります。

【使える数字③】 ラインの現場にマッチした数字

使える数字の3点目のポイントは、ラインの現場とマッチした数字ということです。

ラインの現場では自分たちなりに業務に使える数字をもっていることがあります。特に、営業部などは数字で結果を評価されるため、売上の数字はシビアに管理しています。

また、製造業では、工場での稼働時間や原価の管理も行われています。

しかし、ラインの社員は会計のルールなど知りませんので、会計という会社全体の情報インフラとズレがある数字を使っています。そのため、ラインの現場は経理部が出してくる数字は使えないと感じていますし、経理部は現場は会計のルールを無視したデタラメな数字を使うので困ると感じています。

ではどうすればいいのかといえば、現場の感覚にマッチした数字を経理部が作るということに尽きます。

会計データとなる元の数字が発生するのは現場の業務活動からです。つまり業務活動の結果を一定のルールによって数字に変換して会計に乗せているわけです。この業務活動→会計データの変換によって集計された数字を、分解し、比較可能な形式に加工し直したうえで、現場の人に使ってもらえる数字にするということです。

例えば、受注と売上計上の時期の差異であれば、受注時点ではなく顧客に請求書が出せる時点（=売上確定時点）で売上に計上されるというルールを経理部が現場に説明することは重要です。しかし、それだけでは不十分なのです。月別、取引先、担当者別に、受注実績と売上計上が時系列で一覧でき、受注実績と売上計上実績の差異が一目で分かるような表形式の資料を毎月作成して、それを営業部員に渡して現状を説明すればいいのです。

あるいは製造部であれば、ラインごと、工程ごとの製造計画を立てる、人員配置の計画を立てるという際には、社員ごと、機械ごとの稼働コストが知りたいのです。

ところが経理部でアウトプットする数字は、工場の労務費がいくら、電気代がいくら、といったまとまった数字です。それを渡されてコストを削減してくださいと言われても、製造部では使えない数字です。

では、これを分解して把握するにはどうすればいいかといえば、データの集計段階で経理部が主導して、現場で有用となるよう、単位ごとに集計できる工夫をします。例えば、ある製品を1000個製造するのに、A機械を使う第1工程で、鈴木、田中の2人がそれぞれ10時間、合計20時間かけている、B機械を使う第2工程では、佐藤、山本が20時間ずつ、計40時間かけている、同じB機械の第3工程では……、といった具合に機械ごと、工程、人、生産数、労働時間など、すべてをひも付けたデータを集計します。また、工場の光熱費、例えば電気代なども機械ごとに電気代を計測できるパワーメーターを設置して、機械ごとの稼働時間、電気代を集計します。

こういったデータを集計し、製品ごと、人ごと、機械ごとのデータとして製造部に提供すれば、製造部では製品ごとの正確な製造コストが把握でき、それを基に効率的な生産計画を立案することができます。

ポイントはこういったライン各部で使ってもらえる、使える数字を作るためには経理部とライン各部との相互協力が不可欠だという点です。

経理部がラインに対して単にこういうデータを出してくださいというだけでもだめですし、こういうデータを使ってくださいというだけでもだめです。どのような数字があれば各部で有用なのか、どうすればその数字がつかめるのかを経理部の担当者と現場の担当者が話し合いながら、使える数字を作っていくことが肝要になります。

このようなマネジメントに使える数字が作られず管理に用いられていないことが、中小企業が個人商店から組織的運営に脱却できない一つの要因になっています。

中小企業にも経理部はあり、そこでは社内の各部から上げられてくる数字を集計し、正しく数字が集計された決算書を作成しています。自分たちが一生懸命仕事をして作った数字が使えない数字だなどと言われれば、経理部員は心外に感じるかもしれません。しかし、そのような経理部員のマインド、つまり自分たちの仕事は正しく数字を処理して正しい決算書を作ることだとだけ考えている経理部員がいるとしたらその意識こそが問題であり、その意識を変え、使える数字が作れる経理部を育てることが社長の課題になります。

経理部が使える数字を作らない理由① リソース不足による多忙

中小企業において使える数字を誰がつくるのかといえば、会計知識があり、数字の集計、加工を専門に扱う経理部以外にはいません。

社長が使える数字の例を挙げて、こんな数字があったら良いだろうかと経理部員に聞いてみれば、多くの経理部員は良いと答えると思います。ところが続けて、自分たちでつくるようにいえば、忙しくて時間がない、やったことがないのでできないなど否定的な答えが返ってきてしまうのです。

経理部が忙しいのは本当です。なぜなら多くの社長は、経理部をコストセンターとしてしか認識していないため、そこに必要最小限のコストしか掛けていないからです。営業部員や開発部員なら、高い給料を払ってでも優秀な社員を採用しようと考える社長でも、同じように、高い給料を払ってでも優秀な経理部員を採用しようと考えることは、まずありません。それどころか、追加スタッフが必要な状況でもなかなか採用しない、IT投資も行わないなどといった状況の場合もあります。すると必然的に、経理部員は少ない人員で多くの負担が生じて多忙になります。

第一義的にやらなければならない集計業務や決算業務だけで業務時間を目一杯使ってしまえば、使える数字を作っている時間ができることはあり得ません。

経理部が使える数字を作らない理由②　保守的、減点主義的な姿勢

経理部員にとってまずは、会社で発生する数値データを正しく集計し、正確な決算書（試算表）を作成することが任務です。すべてが直接お金に関わっていることだけに、当然、それは正しく行われなければなりません。集計された決算書の数字などに誤りがあれば、最悪の場合、税務署からの指摘により修正申告、追徴課税を受けるなどの形で会社に

直接経済的な損害を与える恐れがあります。またそうではなくても集計業務は正しくて当たり前、間違えていたら大失態という仕事です。完璧にできて合格点であり、あとはミスがあれば減点されるという減点主義が評価基準です。積極的に新しい取引を開拓することで評価が上がる営業部などとは、本質的に異なります。

あわせて、経理部員は会社の財産、資金を守る財産保全の役割を担わされているという面もあります。会計には数字の動きやその計上について、なるべく財産を保全する保守的な方向でとらえるという基本的な考え方があります。それに基づき、経理部員は例えば経費として認められない飲食代が交際費として計上されてくれば除外するなど、会社の資産を無駄に流出させないためのチェック役が任されます。

このように、正しい数字を集計する役割や会社のお金を守る役割が担わされていること、また、その業務への評価が減点主義になっていることなどの理由により、経理部員はどうしても、仕事に取り組む姿勢が保守的になります。保守的というのは、新しいことに取り組むよりも、とにかく既存の業務を正確に、ミスをしないように取り組むということが優先されるという意味です。

それが、使える数字作りのような、価値はあるけれどもそれまでやったことがない業務に積極的に取り組まない一つの要因となっています。

経理部が使える数字を作らない理由③　顧客意識、価値提供意識が薄い

そもそも経理の仕事を希望する人には、どちらかというと対人コミュニケーションが苦手でコミュニケーションをベースにしてものを販売するような仕事よりも、専門的知識を使って自分にできる限定された範囲の業務に一人コツコツと取り組むことを好む性格の人が多いという面もあります。さらには数字を扱い、仕訳などの専門知識も必要なことから、知的な専門職として高いプライドをもっていることもよくあります。良くいえば職人気質で、悪くいえば融通が利かず自己中心的な面があるのです。

さらに、経理に限らずスタッフ部門は外部の顧客を直接意識しなくてよい部門です。ライン部門では営業は当然のこととして、製造や開発、調達においても、程度の差こそあれ外部の顧客がどう思うか、顧客にどんな価値を提供できるのかということを意識しています。

しかし経理部門は直接的には外部の顧客と接することがないため、業務の本質であるは

ずの顧客への価値提供という点に無頓着になりがちです。もちろん、経理部が直接、外部の取引先などに価値提供を行うことはありません。しかしそれでも、自分たちの顧客は誰で、そこにどんな価値を提供しているのかということを経理部員は意識しなければならないはずです。

それが意識されなければ、帳簿や決算書を正しくつくることだけが自分たちの仕事であり、それさえきちんとしておけばいいという勘違いにつながります。そうなると使える数字を自分たちが作ることでライン各部の業務の質を向上させ、会社が外部の顧客に提供する価値を増大させていこうという意識が弱くなってしまいます。

組織的運営を支えるための経理機能強化

会社が売上高10億円、社員数30~50人を超えて成長を続けるためには、経理部が社長の分身として組織的マネジメントを支え、ライン各部の業務効率化や生産性向上を支援する役割を果たすことが必要です。

具体的にはマネジメントに使える数字を作るとともに、その数字を用いてライン各部で業務管理や業務効率化を遂行するための手助けをするのです。さらにはライン各部で行われている業務から、使える数字を作るのに適したデータに抽出するためのアドバイスも行います。それによってより精緻で有用な数字を作るというサイクルを回していきます。

その全体は前半業務と後半業務に分かれます。

①前半業務：データ収集、集計

ラインに適切なデータを提出してもらえるように支援する。各部から上がってきた数値を集計する業務

②後半業務：集計結果の報告、加工、現場支援

集計した結果を試算表、資金繰り表、その他の資料として、社長やライン各部に報告する業務。また、報告する数字をマネジメントに使いやすいように加工する業務や、現場で数字を使う支援をする業務

通常の経理部ではこのうちの集計や報告の業務しか行っていませんが、それでは不十分なので経理機能を強化していく必要があります。

経理機能強化のために社長がやるべきこと

経理部の機能強化をするためには、まず社長の意識と行動を変えなければなりません。

まれに、意識の高い経理部員がいて試算表を作成する際などに比較しやすく加工した数字を作成している会社があります。しかし、せっかくの資料も社長に使われなければ経理部員はやる気を失ってしまい、やがて作成されなくなるのです。

月次の試算表も同様で、月初の5日までに出せと命じられ頑張って作成したものの、それがちらっと見るだけで経営改善のために利用されないようでは、やはり経理部のモチベーションは下がってしまいます。

まず社長が、数字を用いた組織的なマネジメントを実施していくという意識をもち、行動に移すことが大切です。

社長の意識改革の第一歩は、経理部を単なるコストセンターとしてとらえるのではなく、マネジメントの要諦を担う、社長の補佐部門として認識することです。経理部は社長の機能を拡張させる部門であるべきなのです。

そのようなものとして、経理部を育てる方向を示します。経理部を育て、強化するためには投資も必要です。例えば、経理部が集計業務だけで毎月長時間の残業が生じているような状態であれば、とても使える数字を作る業務まで手が回りません。それでは明らかに人員が不足しているので、人員増加を考えなければなりません。

また、人員の採用に関しても経理部員採用はライン部門の採用に比べて軽視されがちですが、しっかり選考して優秀な人材を採用しなければなりません。

ただしその際、マネジメント意識の高さなどの観点で選ぶ必要性はありません。あくまで、集計能力などの経理部員としての事務能力の高さが重要な選考ポイントになります。経理部員としての基本である高い事務能力がなければ、集計業務の効率化など、マネジメント業務を実行していくための前提条件が整わないためです。

また、経理部員を必要以上に好待遇にする必要はありませんが、もし今まで利益を生まないスタッフ部門だからライン部門よりも給料が安くてもいいという認識でいたとするなら、その認識は改めてライン部門に支払うのと同様の水準に合わせるべきです。経理部員には全員の給与が分かるため、自分たち経理部員の給与がライン部門よりも水準が低いとなればモチベーションが下がってしまう恐れがあります。

経理部員のモチベーションに関していえば、加点主義のマネジメント業務を与えることでその仕事自体がモチベーションアップにつながります。

経理部を中心に使える数字を集計する

通常の集計業務は減点主義で、一つもミスがなくて合格点です。それはそれで業務の特性上仕方ないことですが、そういう業務だけだとどうしても、自分から積極的に動いて価値を提供するというマインドは生まれにくくなります。

そこで、マネジメントに使える数字を作ってもらいそれをライン部門にフィードバックしてライン部門の業務を支えるという、やればやるだけプラスに働く仕事を与えること自体が、経理部員のモチベーションアップにつながる側面があるのです。

象徴的にいえば、今まで面倒ばかりを押しつけてまるで迷惑者のような扱いをしてきたライン部門の社員から感謝されるということです。

もちろん、社長自身も積極的にそのプラス面を評価しなければなりません。場合によっては経理部が使える数字を作りマネジメントに寄与する働きをしたことについて、賞与の査定に反映させたり、なんらかの褒賞制度のようなものを設けたりするのも一法です。

必要な経理部人材の採用、適正水準の給与設定、場合によってはマネジメント業務に関しての賞与のプラス査定などの必要な人材投資を惜しまないことが経理機能強化には必要です。

この経理機能強化は数字によるマネジメントに欠かせません。と同時に、会社にとってのリスクヘッジになるという側面も含まれます。

その理由の一つは、経理部人材は会社のお金の流れを把握しているということです。中小企業においては違法な脱税行為とまではいかないまでも、税務上多少問題があるようなお金の流れがあることは珍しくありません。経理部員はそういうグレーな部分も知っているということです。そこで必要な投資まで惜しんで経理部員が会社に対して大きな不満をもつような状態になることは、会社にとってのリスク要因となります。

また、もし経理担当者が一人しかおらずその人に全部任せきりにしていた場合、例えば事故などでその人に万一のことがあった場合に会社のお金の動きを把握している人がいなくなり、お金の流れのかなりの部分がストップしてしまいます。これも経営上の大きなリスクです。

経理部に複数の部員がいる場合でも、部内での処理担当が属人化していることがよくあります。例えば、減価償却関係の処理はAさん、外部への支払い・請求関係の処理はBさん、といった具合です。その場合、その担当者が突然辞めてしまったりすると、その部分の処理ができなくなってしまうことになります。

そのようなリスクを避けるためには、経理部業務でも標準化やバックアップという考え方が必要です。一人の担当者が辞めても経理業務が止まらない体制を構築しておくことが必要だということです。例えば担当が属人化しないように、ローテーションで担当を変更させるといったことを社長が命じてやらせるのです。

また、リスク管理の観点も含めて、会計システムソフトウェアの導入も欠かせません。紙のノートで帳簿を管理している会社は少ないと思いますが、エクセルであったとしても担当者が急に辞めてしまうと、どこに必要なデータがあるのか分からないということになりがちです。経理情報管理の属人化を防ぐという意味でも、データを一元的に管理できる会計システムの導入は必須です。

人的投資、システム投資は、経理機能の強化には欠かせません。

経理機能強化には、集計業務の効率化、迅速化が不可欠

データ収集、集計といった前半業務と集計結果の報告、加工、現場支援といった後半業務からなる会計のうち、ほとんどの経理部が行ってきたのは前半のデータ収集、集計の部分です。それに加えて後半の役割も担ってもらわなければならないとすれば、前半の部分、特にその主要な内容である集計業務は、可能な限り、時間を短縮しなければなりません。

そこで必要になるのは、まず経理部の業務フローの見直しとＩＴデジタル化です。これは表裏一体で、業務フローを見直すためにＩＴデジタル化をしなければならないという面もありますし、ＩＴデジタル化をしたからこそ、見直せる業務フローもあります。もちろん、ＩＴデジタル化と直接リンクしない部分で業務フローを見直せる部分もあるはずです。

集計業務の効率化の内容は、具体的には、二重に行っている無駄な作業の見直し、書類のファイリングや整理方法の見直し、データのやり取りの方法の見直しなど、多岐にわたります。ファイルのやり取りを紙ベースからPDFでの電子保存にすれば、検索性や保存性は大幅に向上します。OCRとRPA（Robotic Process Automation）を組み合わせた読み取りシステムを導入すれば、入力効率が大幅に向上して作業時間が以前の数分の一になることもあります。また、一部のクラウド会計システムでは仕訳をAIが認識して判断するAI仕訳などの機能も採り入れられています。

会計ソフトの見直しで業績を正しく把握し、集計スピードを速める

業務フローの見直しとともに、こういったITデジタル化を進めることで、集計業務は大幅に効率化、時間短縮が可能です。それにより浮いた時間と労力を、より重要である②後半業務：集計結果の報告、加工、現場支援に使えばいいのです。

以前、顧問先の経営者とのミーティングにおいて、自社の業績の実態が分かりづらいので、取引実態がもっと細かく分かる仕組みがほしい、との話になりました。顧問先企業は

サービス業で売上は5億円ほど、社員数は20人の会社でした。

そこで業態別に適切な損益管理ができる体制に変更する手始めとして、現在の会計処理の見直し、具体的には会計ソフトの変更と業務処理の見直しを行いました。また、会計ソフトの変更と集計の見直しを図るうえでは、経理担当者を中心とした業務処理の指導も併せて行いました。

これにより、業態別の業績を把握できるようになったばかりか、従来よりも早期に適切な月次決算報告ができるようになりました。

会計制度の整備により「経営実態の見える化」を図ることは会社の改善・改革の大前提となります。

経理機能強化と並行して経理部員の意識改革を進める

経理機能強化を進めていく過程では、経理部員の意識改革も遂行する必要があります。

意識改革のゴールは、経理部員が自らの仕事を単に数字を集計して決算書をつくる業務として規定するのではなく、会社全体のマネジメントの一端を担う業務であることを理解して、自発的にそのための行動が取れるようにすることです。
ポイントは、自発的にマネジメントの一端を担う行動が取れるというところです。しかし、これはゴールであり、最初からそれを実現することはできません。経理機能強化への取り組みの初期には、社長が経理部員にあれこれと指示してやらせなければならないのは仕方ありません。しかし、いつまでもその状態では困るわけで、少しずつゴールに近づく必要があります。そのためには、経理部員の意識が根本的に変わらなければなりません。

意識変革のなかでも最も重要なポイントは、経理部でも顧客に価値を提供しているということを意識させることです。簡単にいうと、経理部も顧客意識をもつべきだということです。

ここでの顧客は、外部の取引先や消費者、つまり自社の商品・サービスを販売している相手のことではありません。販売先という意味での顧客であれば、経理部員が顧客と直接やり取りすることは通常ありません。
そうではなくて、ここでいう顧客は社内の業務プロセスにおける次工程のことです。トヨタ自動車から生まれた言葉だといわれていますが、製造業の現場では、次工程はお客さまといわれます。これは、工場の製造ラインにおいて、次の工程に渡す仕掛品を、外部のお客さまに渡す商品のように考えて仕事をしなさい、という意味です。そのような意識をもてば、どれだけの仕掛品をどのようにして次工程に渡せば、次工程の仕事がスムーズに進めやすいかを考えるようになります。単に、自工程に与えられた質・量のものを生産すればそれで良いとする考え方から、製造プロセス全体ひいては会社全体を俯瞰して業務の質を高めていくことにつなげるというのがこの言葉の含意です。

これは、経理部にも完全に当てはまります。そもそも、あらゆる業務は顧客に価値を提供するために行われるものです。経理部の顧客は、次工程つまり経理部が集計してアウトプットした数字を使う社長であり、ライン部門です。そして経理部が提供する価値は、それらの顧客がその数字を使って業務を効率化したり、生産性を向上させたりすることを支援することです。数字自体に主な価値があるわけではありません。数字が用いられた結果として生み出される効果に価値があるのです。

●経理部の顧客＝次工程（経理部が出した数字を用いる社長やライン部門）
●経理部が顧客に提供している価値＝顧客業務の効率化・生産性向上の支援をすること

この意識を徹底的に植え付けることが、経理部員の意識改革の中心です。

経理部が生産性の向上を図ることこそ、経理機能の強化そのもの

生産性とは、同量のインプットに対するアウトプットの量で測られる指標です。同じ時間の仕事をして、以前より多くの価値生産ができるようになることが、生産性の向上です。製造現場をはじめ、ライン部門においては生産性の向上は中心的な業務改善のテーマとなります。しかし経理部においては業務の生産性が明確に意識されること自体、少ないと思います。それよりも、アウトプットの正確性などが業務改善のテーマにされがちです。

しかし、経理部の業務も顧客に対して価値を提供しているということが認識できたならば、次はその価値をいかに高めることができるか、つまり経理部における生産性の向上が課題になります。

経理部が顧客に提供している価値が、顧客業務の効率化・生産性向上の支援をすることと定義されるのであれば、経理部における生産性の向上とは、社長やライン部門がより効率的に、より生産性が高くなることを意味します。

この意味で経理部が生産性の向上を目指すことこそ、経理機能を強化することにほかなりません。

経理部が作成し顧客に提供する数字において大切な点は〝顧客〟業務の効率化・生産性向上を支援できる、マネジメントに使える数字であることです。

使える数字に必要な要素の一つに、現在のもの（タイムリーである）という要素がありました。つまり、提出のスピードが求められるということです。

例えば、社長が月次の試算表を5日で出してほしいというと、経理部からはそんなに早くつくれないといわれることがあります。1円単位まで間違いのない正確な試算表をつくろうとした場合、会社規模にもよりますが確かに困難なこともあります。

しかしこの、どんなときでも100％正確な数字を出さなければならないという経理部の意識も変えるべきものなのです。

なぜなら、ここで求められている試算表は税務申告に使うものではなく、社内のマネジメント、業務の効率化・生産性向上のために利用されるものだからです。そこに1円単位の正確性などまったく必要ありません。それよりもなるべくスピーディに出されるということのほうが、よっぽど経理業務の価値を高めることにつながることは明らかです。

ところが、長い間自らの業務の価値や生産性を意識したことがなく、正確に数字を作ることだけに腐心してきた経理部員はなかなかそのことに気がつきません。そこで、社長の指導により、正確性以外にも求められている仕事があるという意識に変えていかなければならないのです。

［第4章］

調達、生産、営業、人事。会社のすべての業務を数字で管理する組織づくり

経理部とライン部門には壁がある

経理機能の強化の推進は経理部が中心になって進められますが、経理部だけで実施できるものではありません。全社的に会計意識が根付き、数字をベースにしたマネジメントを行うという意識がライン部門にも浸透することが必要です。なぜなら、ライン部門の各業務を数値化していくことには、ラインの現場の協力や経理部との連携が不可欠だからです。

そこでまず必要となるのは、全社的に数字を用いた組織的なマネジメントや内部統制の整備を実施していくこと、そのために経理部を強化することを社長が社内で宣言することです。そして、経理部に対して使える数字作りを指示すると同時に、ライン各部門に対しては必要な協力をするように命じます。

経理部への指示は当然として、ここでライン各部門に協力を命じることも非常に重要です。一般的にライン部門と経理部のようなスタッフ部門はそりが合わず意思疎通の壁があるため、社長の命令としてこれをやらせないとスムーズな連携ができないことが多いのです。スタッフ部門とライン部門の間には高い壁があり、全社的に進めるべき数字を用いた組織運営を阻みます。

経理部では、とにかく期日までにミスなく集計業務をしなければなりません。ところが、ライン部門からの領収証などの書類提出が遅れたり、内容に不備があったりすることはよくあります。そのため経理部員は、ライン部門は非協力的だと不満をもっています。加えて、経理部員は相手の知識も考えずに専門用語を使っていきなり説明をしてしまうこともよくあります。

さらに、ミスや不備が許されない減点主義の体質であるため、きちんと提出してもらわないと困るなどと、つい上から目線でライン部門の社員に言ってしまうこともあるのです。

一方、ライン部門の社員は営業や開発、製造などそれぞれの主業務で忙しく働いています。そのうえに経理部員から、領収証はいついつまでに出してください、なになにの書類を出してください、提出の際にはこのような形にしてください、などとさまざまな要求をされることは、自分の本来業務、もっといえば自分の成績や評価にはとってなんのメリットもない、余計な仕事が増えているとしか感じられないのです。

それにもかかわらず、うるさく催促されたり、文句をいわれたり、わけの分からない会計用語で説明されたりすれば、ライン部門はライン部門で不満が高まります。そこで、経理部が中心となって数字によるマネジメントを進めるといっても、いきなり経理部員がライン部門に命令を出すのではうまくいきません。

最初にやるべきことは社長が全社員に数字を用いたマネジメントを進めること、また、その意図を説明して理解を得ておくことです。

経理部とライン部門の壁を乗り越える組織づくり

そもそもライン部門の社員にとって、自分に命令する権限をもつのは上長である部門長だけです。他部門の経理部員から何かの業務をお願いされるのは仕方ないとしても、命令を受ける謂われはないと感じられますし、それは組織の指揮系統上、原則的に正しい理解なのです。

そこで、全社的に数字を用いたマネジメントを導入する際には、まずライン部門の部門長の意識改革から取り組むことがポイントです。

例えば、部門長が経営会議に提出する資料を使える数字を用いたものにしていくといった具合です。資料作成の際、部門長が部門の現場に命じてデータを吸い上げていきます。そのときに経理部が協力するのです。

例えば、部門長が現場の社員に経理部の協力を得ながら売掛金の取引先別の売掛金年齢調査票を作るように命令したとします。

部門長からの命令であれば、現場社員もやらざるを得ません。そして、経理部と協力してそのような資料を作成していくことを通じて、経理部とライン部門の壁が崩れていくのです。

ポイントは、命令系統はあくまで部門長→部門の部下と一元化しておくことです。そのなかに、経理部が協力をする形を取れれば、壁を乗り越えやすくなります。

そして部門長がそのような命令を出すのは、経営会議で社長が数字によるマネジメントの活用を宣言し、部門長にそれを命じているからにほかなりません。社長がリーダーシップを発揮しないと、部門間の壁を乗り越える組織づくりはできないのです。

部門長が数字を重視する姿を部下が見れば、部下も自分が管理職になれば同じことをしなければならないので数字を理解しておく必要性を感じ、数字を使ってマネジメントをする文化が徐々に末端まで浸透していきます。

これも、スタッフ部門とライン部門の壁を乗り越える組織づくりの実践の一つです。

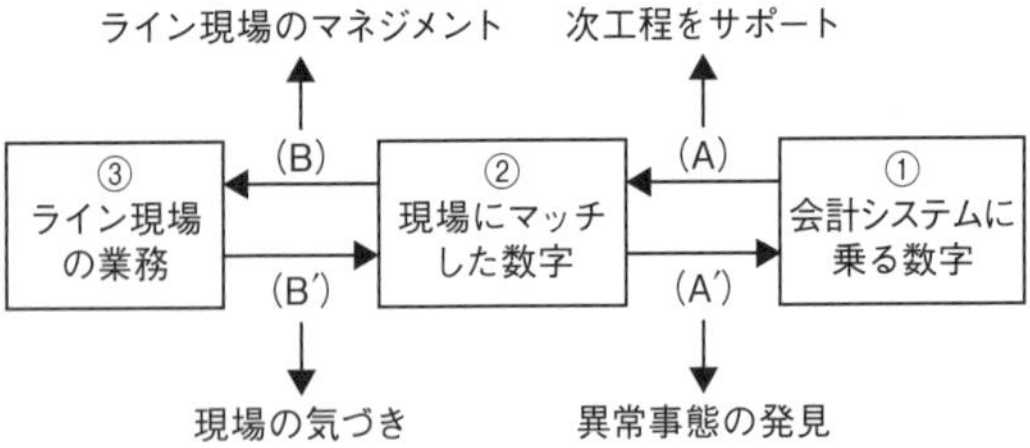

全社が数字でコミュニケーションをとれる組織づくりのプロセス

社長のリーダーシップにより部門長が動き、ライン部門長の命令により現場の社員が経理部に協力する、という組織の指揮系統上の流れがつくれたら、次に経理部員とライン現場社員がどのような形で協力をするのかを考えます。

まず、マネジメントに使える数字は、最終的には決算書に集約される会計というシステムに乗るものであることが前提です。しかし、決算書に集約される会計数字がそのままでは使えません。

図で示せば、上記のような過程での変換が行われている必要があります。

これは変換プロセスの構造を示したものですが、注意したいのは示しているのはあくまで全体の構造であり、①から（A）（B）（B′）（A′）と、時系列で進むことを示しているわけではないという点です。実際には同時並行的に進むことや後戻りすることもあります。

しかし、ここでの説明においては便宜上（A）から進むものとします。

経理部が通常アウトプットする大きなカタマリの数字を、経理部の次工程であり“顧客”であるライン現場社員が求めている数字、使いやすい数字に加工して変換するのが、下方向矢印（A）の部分です。その数字を用いて現場のマネジメントをするのが（B）です。

一方、ライン業務で発生した事象を、現場の社員が数字として集約します（B′）。その数字を、会計システムに乗るデータとして加工・集計し、会計のアウトプットをします（A′）。

これらのプロセスすべてにおいて経理部員とライン現場の社員が協力をしながら進めていくことが、数字によるマネジメントが浸透した会社の理想的な状態だといえます。

しかし、いきなり理想の状態になることはあり得ません。むしろ、最初はどのような数字を作れば「②現場にマッチした数字」なのかということすら、経理部員にはよく分からからないのが普通です。

まず、経理部員が対象とするライン現場業務の全容について理解することが何よりも重要です。相互理解がコミュニケーションの前提ですが、それを先導するのは経理部がラインの現場を理解することであり、ラインの社員に会計を理解させることはその次です。この順番に注意する必要があります。

経理部員が現場を理解するためには、現場の部門長や社員からのヒアリングを実施します。実際の業務経験、例えば、営業部員に同行して取引先に行く、店舗店頭での販売業務や工場での製造業務を行うといったことも、できる限り実施すべきです。実際に経験することで得られる気づきもあるからです。

会社によっては部門間での人事異動を行う場合もあります。つまり、経理部員を営業部に配属して、営業部員を経理部に配属して、1~2年働かせるということです。これができれば、部門を越えた相互理解は圧倒的に深まります。すべての会社でできるわけではありませんが、一つの方法です。

仮説としての使える数字を提示する

こうして、経理部員が最初は営業部なら営業部と、特定のライン業務のプロセス全体から業務目標、管理項目、さらには業務で生じている問題や課題を理解、把握していきます。経理部が提供する価値は、ライン現場の問題を解決して効率化したり、課題を達成したりすることによって生産性を向上させることです。

次に経理部員は、把握した問題や課題を解決、達成するためにどんな数字を抽出し提示すれば効果があるのか、また、会計的にも意味のあるデータとなるのかを推測し、仮説として提示します。こういう問題や課題があるならこういうデータがあれば役立つのではないかという「②現場にマッチした数字」の仮説を提示するのです。最初は実際に役立つのかどうか分かりませんから、あくまで仮説です。

その仮説データが実際のマネジメントに役立つかどうかをライン現場社員に確認、検証してもらいます。これが（B）のプロセスになります。つまり（B′）と（B）を繰り返し、「②現場にマッチした数字」をブラッシュアップしていくのです。

例えば、営業部で売掛金の長期滞留がいつのまにか生じており、長期滞留になればなるほど、回収が困難になるという問題があるとします。この場合、達成すべき課題は売掛金の長期滞留を防止することです。

これは売掛金の問題なので、当然会計データと結びつく問題です。しかし、○月の売掛金残高といった大きなカタマリの数字を出しても意味はありません。また、それを少し分解した取引先別の売掛金データを見ればどうかといえば、やはりこれも長期滞留かどうかは分からないので使えない数字です。

そこで、その問題を把握した経理部員は、取引先ごとに売掛金の年齢（滞留期間）を一覧でまとめれば使える数字になるのではないかと仮説を立てて、売掛金年齢調査表を作ってはどうかと営業部に提案をします。

ところが、同じ取引先企業でも納入商品や取引部署によって請求の送り先が異なったり、売掛金の回収サイトも異なったりする場合があるということが営業部からのフィードバックで分かります。そうしたら売掛金年齢調査表を取引先別ではなく取引先の部署別にしようと改良していきます。これが（B）（B′）の繰り返しプロセスです。

このように、現場にマッチした使える数字は経理部員と現場社員とが協力して作り込んでいくものなのです。

現場の数字から全社の数字の問題や課題を解決していく

「②現場にマッチした数字」が作られるようになれば、それを決算書の大きな数字として集計し、それを会社全体の予実管理に活かすことができます。これが（A′）と（A）のプロセスです。

例えば、売掛金の残高は試算表に計上される項目です。月次の決算会議で、売上が伸びてないにもかかわらず、売掛金が増加傾向にあるならば、滞留が増えているのではないかという推測ができます。そのとき、売掛金年齢調査表が作られていれば、その細目別の残高推移により、どの取引先のどの部門が原因なのかということは一目で分かります。すぐに手を打つことも可能になります。

数字によるマネジメントが浸透すれば、経営リスクも事前に防げる

さらにいうなら、月次の決算でチェックされるのを待つのではなく、売掛金年齢調査表により、特定の取引先において、滞留が増加傾向にあるという事実を、経理部が月次決算の際に、あるいはそれにかかわらず気づいた時点で社長に報告をすることもできます。

社長もまた、経理部にとっては次工程であり〝顧客〟です。経理部が顧客に役立ちそうな数字に気づいたら、即座にそれを提供し、改善の提案をすれば、顧客の業務生産性が高まります。

これこそ、経理部の提供する価値を高めるということであり、経理部自体の生産性を高めるということです。

そうやって経理部が先回りして使える数字の提供をすることは、もしそれをしなければ生じていたはずのリスク要因を、それが現実化する前にあらかじめ排除したということでもあります。

例えば、売掛金が滞留して長期化している取引先は、なんらかの経営上の問題が生じて

いる、あるいは、自社の営業部員がなんらかの不正を働いている可能性も考えられます。

それが放置され続ければ、いずれは貸倒れなどの大きな経営リスクに結びつく可能性があります。しかし、その問題が数値によって顕在化されたことで、早期に手を打てれば、リスクの芽を摘むことができるのです。

組織内での数字によるコミュニケーションの定着

現場を巻き込んで使える数字を作ることで、数字によるコミュニケーションも定着していきます。

例えば、数字によるマネジメントという考え方がなければ、経理部が売掛金が増えているのでしっかりと回収するように言ったところで、非常にあいまいです。営業部員は、何をどうすればいいのか、具体的な行動に結びつけることはできません。また、売掛金程度であれば営業部員も理解できますが、もう少し専門的な会計の用語で話されると、そもそも営業部員が理解できないこともあります。そうなると、わけの分からないことをやらされていると感じて、どうしても消極的になります。

しかし、経理部員と営業部員が売掛金年齢調査表を作り込んでいるなら話は違います。

例えば、売掛金年齢調査表で4カ月以上の滞留がある先から、優先的に回収をするようにとか、滞留金額が100万円を超えている取引先には新規の販売をしないようにといった客観的な数字に基づいた指示を出すことができます。つまり、具体的な行動につなげることができます。

これらの数字は営業部員も一緒になって作ったものですから、その意味が理解できないということもありません。営業部員にとっても感覚とマッチした腹落ちしている数字なので、積極的に動くことができます。

あるいは滞留金額やその解消予定など、数字を用いた説明をすることもできます。

これが、数字によるコミュニケーションが定着した状態です。

数字によるマネジメントは全社員の社員教育になる

私が顧問を務める会社の経営者とのミーティングで「社員の業績に対する意識を高めたい」との話になりました。この会社はサービス業を営む年商10億円ほどの会社で、社員数は100名ほどでした。そのための取り組みを検討した結果、期初でのブレーンストーミングによる「共通目標の設定」と「四半期報告会の実施」が決まり、その運営指導および会議でのフィードバック指導を私の会社で担当することになりました。

この会社では従来、社員にとって目標予算は会社から与えられた数字でしかありませんでしたが、社員が自身の業務との関連からどのように目標数字を達成していくかを毎月検討したことで、会社の数字の理解につながりました。またそのことが個人の評価面にも反映されるようになりました。

このように数字を使ったコミュニケーションを社内に浸透させていくことで、社員たち自らが業績と目の前の自分の仕事を紐づけて考えるようになり、経営側と現場の意識のすり合わせにつながります。

その意味で社員を巻き込んだ数字管理を進めることは社員教育にもつながります。その際、会社の問題解決がベストの教材となります。業務の改善・改革への取り組み活動は、社員にとって成長への意識を高める研修でもあり、会社にとっての知識ノウハウの蓄積となります。

日頃から社員へのヒアリング等により、業績向上のための課題を明確にし、社員とともに解決策を検討・実行することで、社員の意識向上につながるのも数字管理のメリットです。

各部門、現場社員の計数管理意識を高めることで期待できる効果には次のようなものがあります。

●営業所等での責任者・担当者の報告の信頼性向上
●実地棚卸の導入によるコスト削減効果
●不良債権、在庫の削減による財務の健全化
●役員会等への報告資料の整備・明瞭化
●人事考課制度の見直し　など

予実管理で、全社が目標に向けて動き出す

数字によるマネジメントはライン現場での業務管理やリスク管理だけに用いられるわけ

ではありません。社長を中心として、全社的かつ中期的に行われる数字によるマネジメントが、予実管理のPDCAサイクルです。

予実管理とは、直接的には、文字どおり予算と実績を管理することです。ここでいう予算とは自由に使える金額という意味ではなく、目標値とほぼ同義です。

予実管理とは、予算（目標）に対する実績の進捗率を定期的に測り、予算と実績との差異の内容を分析することで業績を改善していく経営管理手法です。予算も実績も数字であり、いわば数字を用いたマネジメントの大きな枠組みとなるのが、予実管理だといえます。

中小企業でも多くの場合、売上高が数億円規模になると、予実管理のようなことが行われるようになります。しかし、その内容は、上場企業で実施されているような本当の予実管理からはほど遠く、言葉は悪いですが予実管理もどきとでも呼ぶべきものになってしまっているケースが大半です。

その理由としては、中小企業では事業環境変化による業績のブレ幅が大きいため確度の高い予算を想定することが難しいということもありますが、そもそも社長が予実管理の意味を理解していないということも往々にしてあります。

予実管理の本来の意義は、ステークホルダーに約束したことを実現していくために必要なステップです。

どんな企業にも、将来こうなりたいという長期的なビジョンがあります。長期ビジョンは10年、30年、場合によっては100年といった先まで見通した目標です。その実現に向けて進むのが長期経営計画です。

ただし、上場企業の場合、単なる経営陣の考えだけでビジョンを掲げるわけにはいきません。上場企業には多くの個人や法人が利益を求めて投資をし、株主となっています。その株主たちの期待に応える利益を出すことも重要な役割として会社に求められるためです。

長期計画は10年であってもかなり先のことなので、見通しや実現していくべき予算も、ブレ幅が大きくなります。そこで、長期計画とは別に、より確実性の高い見通しに基づいた中期経営計画（中計）が策定されます。

中期経営計画では、一般的に3～5年間の売上、利益、費用などの予算が設定され、3～

5年後の会社の状態が中期的なビジョンとして示されます。

そして、中期経営計画の実現のために、今期は売上高を20億円、営業利益を5億円増加させるといった予算が設定されます。さらには、その予算の実現のためには店舗を何店増やすとか、顧客との契約を何件増やすといった数値目標が定められます。

つまり、予算は将来のビジョンから逆算されて長期から短期へ、大きな数字から小さな数字へと落とし込まれて策定されるものなのです。これが本来の正しい予算策定のあり方です。

上場企業においては、将来ビジョンの提示と予算はディスクロージャー（情報公開）されます。そして、投資家がその公開された情報に基づいて、その会社の株主になるかどうかを判断するわけです。

したがって、将来ビジョンから逆算された予算は、株主（をはじめとしたステークホルダー）への約束として、必ず実現するべき目標とされます。こういう予算を達成してこういうビジョンを実現しますという約束のもとに株主に投資をしてもらうわけですから、その実績、進捗状況は随時（最低でも四半期ごとに）開示され、株主のチェックを受けます。当然ながら、もし予算が達成できていなければ厳しく批判を受けます。

期初に立てた通期予算の達成が難しいことが期中に明確になれば、下方修正の開示をしなければなりません。見通しが甘く予算が達成できないことが判明したと株主に報告をするわけで、これは経営者としては大きなストレスですし、株主からは厳しい批判を受け株価も下がってしまいます。

そんな事態を避けるため、上場企業では予算達成は至上命題とされて、厳しい予実管理が遂行されるのです。

逆から見ると、ステークホルダーへのディスクロージャーがあるからこそ、予実管理がなされ、予実管理がなされるから、予算達成の確度が上がるのだともいえます。

ほとんどの中小企業の予実管理はもどきになっている

上場企業は、社会の公器としての役割と、株主への利益分配が強く意識され、その将来ビジョンもそれらの実現が強調される場合が多くあります。

一方、中小企業の目指すビジョンは、一言でいえば社長の思いです。

IPO（株式公開）を経て業界シェアトップになる、海外進出をしてグローバル展開をする、○○分野での画期的な新製品を開発して人々の生活を変える、日本全国に店舗を展開する、○○県における業界トップになる、自社ビルを建てるなど、こんな会社になりたいという社長の思いが、そのまま会社のビジョンとなっているのが中小企業です。社会に対する貢献は意識されても、通常の中小企業は、株主＝経営者（オーナー経営）であるため、株主への利益分配は通常意識されません。第三者の株主を意識することなく自由に理想を追求できるところが、非上場のオーナー企業ならではのメリットです。

中小企業の予算も本来は社長の目標から逆算して求められるべきものです。いい換えると、予算には社長の思いが込められているべきなのです。

例えば、社長が10年後には売上高１００億円で店舗を１００店展開する会社にしたいという目標をもっているとします。では、その目標を実現するためには5年後には会社がどうなっていなければならないのかを想定して中計を策定します。現在の売上高が10億円で5年後には30億円を目指すとします。この場合、毎年約25％ずつ売上高を増やしていけば

30億円になります。では、まず今期に25%（2・5億円）売上を増やすにはどうすればいいかを考えて実行します。そして基本的には毎月実績を予算と比較しながらPDCAを回していくのが、本来の予実管理です。

予算は会社をこうしていきたいという社長の目標から逆算されたものであり、それをどのような数字に設定するのかは社長の意思の反映です。

ところが実際には、多くの中小企業で行われている予実管理は予実管理もどきです。というのも予算が将来の数字から落とし込まれたものではなく前期の実績をベースに、しかもあまり根拠がなくなんとなく決められている単なる予想値である場合がほとんどだからです。

前期の実績ベースであっても各部門で達成可能な目標予算を計測し、そこからボトムアップで積み上げていく形であれば、ある程度の根拠がある数字が出せるのでまだよいといえます。

しかし現実には、前々期から前期は20%の売上アップができたので今期も同じペースでいけば20％アップできるだろうから売上高2億円増を予算にしようといった具合に、さしたる根拠もなくなんとなく決められている場合がほとんどです。

このような予算設定の仕方では、予算の数字に社長の理念はまったく込められていません。理念が込められていない数字のため、予算が達成できなくてもその理由や状況について真剣な調査がなされません。そして、理由や状況が分からないため改善のアクションも取られない、つまりＰＤＣＡも回せないのです。

このように予算そのものが雰囲気で決められ、かつ予算が達成できるかできないかは出たとこ勝負の運任せのような状態になってしまっているのが、多く中小企業の実態だといえます。これでは実際には予実はなにも管理されておらず、予実管理もどきというほかありません。

予算の数字は社長の意思であるというのは、社長が好きな数字を設定すればいいという意味ではありません。将来から逆算した根拠ある数字でなければなりません。

とはいえ、今まで社長の漠然とした将来の夢のようなものはあっても、長期計画や中期計画といったものをつくったことがない、もちろん予実管理もしていない、という中小企業が、未来の計画から今期の予算まで落とし込む予実管理をするのは困難です。

そこで、最初は過去の数字をベースとした積み上げでもかまわないので、まず根拠のある予算を設定して、そこから予実管理のＰＤＣＡを実施してみることが重要です。そうすることで社長から末端の社員に至るまで、数字で管理する文化や風土が根付いてきます。

予実管理のＰＤＣＡとＫＧＩ、ＫＰＩ

予実管理は、その期に設定した予算の達成状況の進捗を随時確認して、それが未達であれば必要な措置を講じて、達成を目指すプロセスです。

そこで、必要となるのがいわゆるＰＤＣＡ（Plan、Do、Check、Action）や、ＫＧＩ（Key Goal Indicator：重要目標達成指標）、ＫＰＩ（Key Performance Indicators：重要業績評価指標）といった、数字によるマネジメントにおいて重要となる考え方です。

例えば、今期売上高2億円増という予算があるとします。この予算自体は、目標値であり、これ自体がＰＤＣＡのＰ（計画）になるわけではありません。なぜなら、売上高という大きなカタマリの数字からは、具体的な行動が導き出されないためです。ＰＤＣＡは具体的に改善できる行動に対して実施されるべきものなので、売上といった数字に対しては適用できません。

では、この売上予算を達成するために何をするのか、という行動目標に対して、PDCAを実施します。そのためにまず、売上を小さな数字に分解していきます。

売上はまず、顧客数×顧客単価に分解できます。売上目標を達成するための施策の一つとして、顧客数を10％増やす必要があるという仮説が立てられるとします。顧客数は新規顧客＋（既存顧客－流出数）に分解できます。さらに、新規顧客数は問い合わせ数×受注率に分解できます。受注率は新製品の開発頻度×問い合わせ先への訪問件数で決まるとします。このように数字を細かく分解していき、それぞれの部門で目標とする施策を定めます。

例えば、新規顧客獲得を全社的な目標とします。受注率を高めるために営業部員ができることは、問い合わせがあった相手への訪問件数を増やすことです。

そこで、今まで毎月10件の新規訪問をしていたのを毎月15件に増やします。このとき、15件という数字がKPIになります。また、KPIの達成により実現される目標数値がKGIで、この場合であれば新規顧客の10％増加といった数字がKGIになります。そして、このＫＰＩの実施、ＫＧＩの実施の各層において重層的にＰＤＣＡを回していきます。

このとき、あくまで数字を根拠にして改善施策を考えることが数字によるマネジメントのポイントです。

訪問件数の15件が実現できない場合、どのように行動すれば増やせるのかを考えます。例えば、訪問前に送付するメールの文面を変えたらどうなるかといった改善施策を考えて、それを実行してチェックします。それにより、15件の訪問ができるようになれば、その改善は成功ですし、13件であれば、まだ不十分なのでそれにプラスして別の施策を考える、という具合です。

また、訪問数が増加したにもかかわらず、新規顧客が8％しか増加しないのであれば、別の方法（例えば、問い合わせ件数を増やす）を考えて、別のＫＰＩを設定し、それを実行しチェックします。このようにして、分解された各層において、数字による達成をチェックしながら、重層的にＰＤＣＡを回していき、それにより最終的に予算の達成を目指すのが予実管理のＰＤＣＡサイクルです。

数字によるマネジメントが定着しにくい中小企業

しかし、実際のところ数字によるマネジメントを用い、このような予実管理のPDCAが実施されている中小企業はほとんどありません。

理由の一つは、実行が大変だからです。まず、すべてを数字に落とし込んで、数字で評価する仕組みをつくるまでが大変です。また、その構築にトライしたからといって、売上が何割もアップするといった目に見える劇的な変化がすぐに訪れるわけでもありません。

数字によるマネジメントとはいわば企業の体質強化であり、病気になりにくい、疲れにくい健康な身体づくりに例えられます。一方、売上を伸ばすことは、どれだけ重いものを持ち上げられるか、どれだけ高くジャンプできるか、といった運動能力のようなものです。長期的に見れば、健康な身体がなければ運動能力を高めることは難しいものです。また、身体が健康だからといって運動能力がすぐに向上するわけでもありません。

さらに、数字によるマネジメントやPDCAにトライしても、特にチェック（C）のところで、自分（たち）の行動を自分（たち）で客観的にチェックするのは困難です。どうしても、人は自分には甘くなるものです。

せっかく新規顧客を10％増やすという数値目標を設定してもそれが8％の増加にとどまったとき、頑張った、よくやったなどといった主観的な評価を自分（たち）でしてしまうなどして、客観的な数値による評価がなかなか定着しないのです。

一方、上場企業では数字によるマネジメントは徹底的に行われ定着しています。それは、上場企業では株主に対する責任があるためです。株主に対する責任は、業績を上げて利益を還元するという利益責任もありますが、それに加えて利益を上げるためにどのように組織を運営しているのかを説明する、運営管理に関する説明責任もあるのです。

なかには、株主が求めるのは利益の配分なのにどうして運営管理に対する説明責任まで求められるのか、と思う人がいるかもしれません。

それは、不適切な運営が行われていれば最終的には株主の不利益になるからです。極端な話、違法行為により好業績を上げていた場合、例えば、残業代をいっさい払わずに従業員を働かせることで、高い利益率を実現している場合、それが発覚すれば会社は大きな法的、経済的ペナルティーを受けます。あるいは、本当は赤字なのに会計を操作して黒字と偽っている場合も同様です。それは株主への経済的不利益として跳ね返ってくるのです。

上場企業は監査を通じて内部統制を高めている

そのために、上場企業においては結果としての業績だけではなく、その業績が生み出された業務プロセス、業績数値を集計、計算するプロセスも含めて組織の運営管理を厳しくチェックすることが法律で定められています。そのチェックが監査法人による会計監査および内部統制監査です。

そして、会計監査および内部統制監査の結果は必ずディスクロージャー（情報公開）されます。このディスクロージャーや、ディスクロージャーの基盤となる監査という仕組みがあることにより、上場企業は、業務運営、組織運営のすみずみまで、第三者から見て客観的に理解できる不透明な部分がない状況にしておくことを常に求められるのです。

つまり、常に外部の目にさらされていることが上場企業が数字によるマネジメントをすみずみまで浸透させなければいけない理由であり、それにより強い体質がつくれる理由でもあるのです。

ほとんどの中小企業は、経営者本人あるいはその親族だけが１００％の株主を占めているオーナー企業です。そのため、株主へのディスクロージャーという意識がそもそもありません。ディスクロージャーの必要がなく外部の目をまったく意識しないため、業務や組織運営を数字により可視化して客観的に理解できるようにしておくことに対する強制力も働きません。

それが中小企業において数字によるマネジメントが定着しにくい背景にあることは間違いありません。そして結果的には、いつまでも10億円の壁を乗り越える強い組織体質に生まれ変われないのです。

中小企業は外部の目を入れることで経理を育てるべき

数字による管理の重要性はここまでで十分理解してもらえたと思いますが、実際にこれを社内に浸透させていくのは簡単ではありません。ポイントは社長の号令の元、自社の経理部を強化することですが、経理部を強化するのに最も効果的なのは、上場企業での管理職経験者や上場企業の経理出身者、あるいは外部の監査法人などのアドバイスを受けて、社内を整備することです。整備された状況を経験したことがある者がいると理想的な状態が見えているので、経理部の体制のどこを変えて、どのように教育していけばいいのかがよく分かるのです。

経理部の強化において大切なことは、経理社員が自社の業務を詳細に把握したうえで、使える数字をライン部門に提示し、それを毎月集計、経営判断のための分析情報として活用することです。しかし、経営上どのような数字が必要なのかを考えるためには、経理部社員に高度な現場へのヒアリング力（質問力）が求められます。この使える数字を設定するためのヒアリング力を養うためには、公認会計士等による監査、モニタリングは大変有効です。

例えば監査業務によって公認会計士はどのようにして会社を把握していこうとしているのかを学ぶことができます。また、現場に赴きどのような話をライン部門としているのか、どういった数字を集計値に使おうとしているのかが分かると要点がつかめるのです。こうした経験を社員にも積ませることで、経理部社員も現場のライン部門も会計的な思考に基づくマネジメントがだんだん浸透していくことになります。

中小企業は公認会計士を活用することで組織を強化できる

本来は、内部統制を整備するために中小企業においても第三者によるモニタリングを実施して、自社の経営状態を客観的に把握し、課題を抽出したうえで、数字による管理や内部統制の強化を図っていくことが望ましいですが、多くの中小企業は公認会計士によるこうしたサポートを受けることはあまりしていないと思います。

理由はさまざまあると思いますが、一つにはコストの問題があります。顧問税理士がいるのに別に公認会計士と契約する必要性がない、と考えている経営者もいると思います。また自社の内部を第三者に見られることに積極的になれない、という声もよく聞きます。

会計監査は大企業向けの制度であるとの認識から、法律で求められていないことをわざわざやりたくないというものです。

こうした中小企業経営者の声を受けて私は、上場企業の監査とは異なるコンサル監査（＝監査ベースのコンサルティング）という非上場企業向けのサービスを行っています。監査証明を目的としないコンサルティングサービスなので、通常の監査よりも費用を大きく抑えながら、会計事務所による社内のモニタリングを受けることができて、自社の内部統制を高めていくことができます。

もちろん、コンサル監査を受けなくても自分で自社のことをチェックして、継続的に改善を続けていくことでも内部統制力は高めることができますが、第三者の視点が入ることでより客観的な評価が可能となります。

そこで本書では、私が行っているコンサル監査が、どのようなものなのかということも解説していきます。会計・監査の専門家の視点で会社を見るようになることで、自社の問題点がどこにあるのかがよく分かるようになり、改善すべき点は何なのか、また一般上場企業においては、どのような形で内部統制を行っているのかが分かるようになります。

個人商店から脱却し、売上高10億円、社員数30～50人の壁を乗り越えた企業は、どんどん成長、拡大をしていきます。それを目指すも目指さないも社長の自由です。しかし、もし目指すのであれば、組織運営の仕方を見直さなければなりません。

非上場の中小企業向けのコンサル監査とは

将来のＩＰＯ（株式公開）を目指している企業であれば、中小企業でも上場企業が行っているような監査法人による監査を実施することも一法です。ＩＰＯの際には必ず監査を受けなければならないので、それなら早いうちからそういう体制を構築しておくことは悪い考えではありません。ただし、監査法人による監査報酬は高額です。また監査法人による法定監査はあくまで会計をチェックし、その適正性を外部の人（主に株主）に証明するためのものですが、外部への証明の必要がない中小企業にとってはその監査証明自体は基本的に必要ないものでしょう。

私は外部へ示す監査証明を取得することを目的とした会計監査とは異なり、中小企業の業務や組織運営改善の目的に特化したコンサル監査という考え方を提唱しています。

コンサル監査とは公認会計士等が会計監査の手法を応用して会計数字の目線から中小企業の業務や組織運営をチェックし、その改善をサポートする手法です（監査ベースのコンサルティング）。

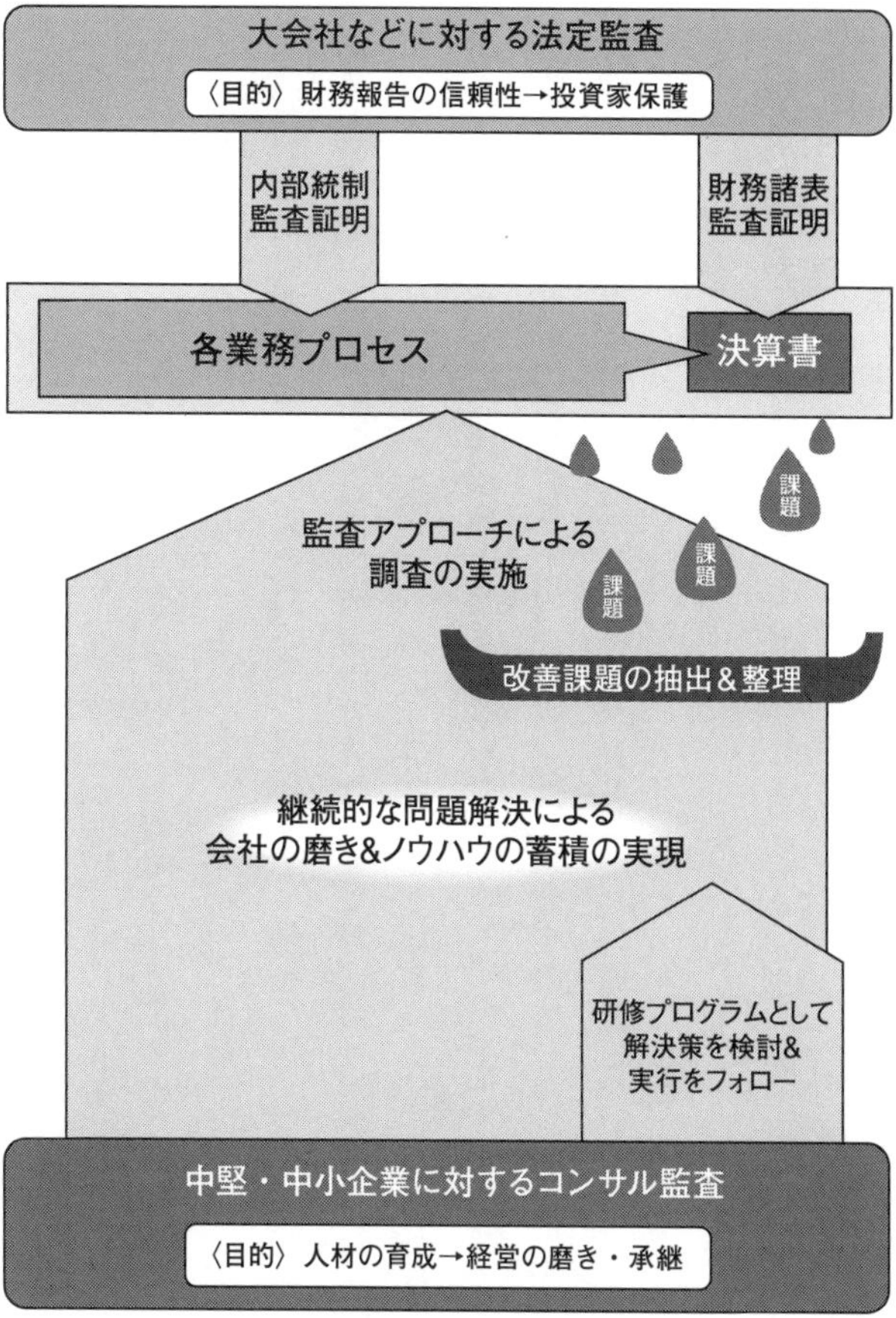
大会社などに対する法定監査
〈目的〉財務報告の信頼性→投資家保護
内部統制
監査証明
財務諸表
監査証明
各業務プロセス
決算書
課題
課題
課題
監査アプローチによる
調査の実施
改善課題の抽出＆整理
継続的な問題解決による
会社の磨き&ノウハウの蓄積の実現
研修プログラムとして
解決策を検討&
実行をフォロー
中堅・中小企業に対するコンサル監査
〈目的〉人材の育成→経営の磨き・承継

会計数字の目線とは、決算書を作成する過程において業務プロセスを正しく理解・把握し、それを決算数字に正しく反映させているかという目線です。

そして、企業の現状、問題点、リスク要因などを報告書としてまとめ、それを社長が企業を良くするための資料として利用してもらいます。もちろん、社長だけではなく役員や社員が業務改善や組織運営改善に使える気づきの資料ともなります。

上場企業が受けている会計監査とは内容も量も異なりますが、会社が外部の目にさらされることによって内部だけでは見えなかったことが見え、またとかく甘くなりがちな内部のチェックでは抽出できない問題を抽出できるというメリットがあります。

『コンサル監査』は、社長の目としての内部監査、外部専門家の目からの助言・指導により、継続的に会社の課題を発見・解決していくプロセスを社内研修と位置付け、人材強化による会社磨きの支援を目的としています。

コンサル監査の進め方

コンサル監査では、まずその会社の現場業務を理解することから始めます。

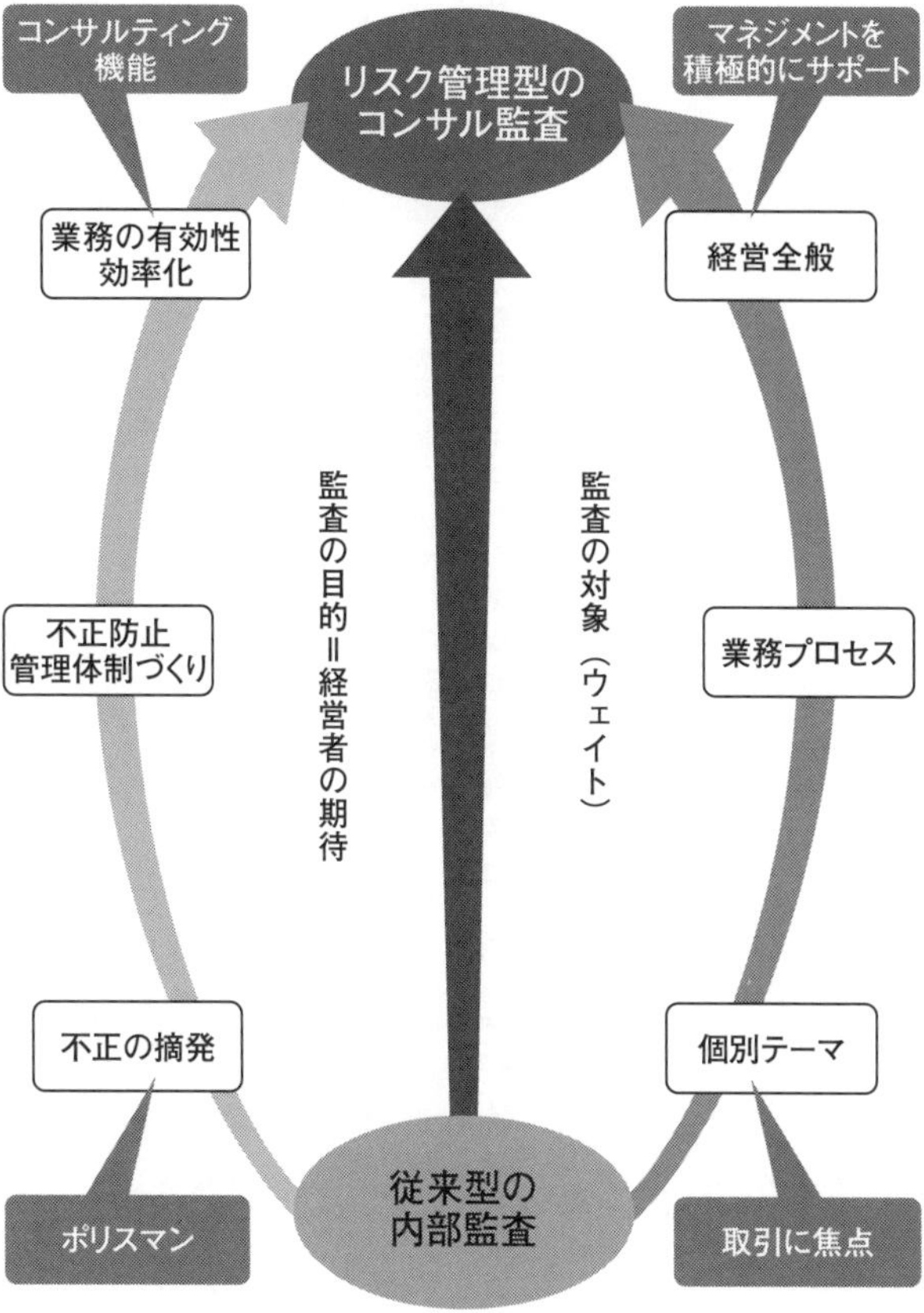
コンサルティング
機能
リスク管理型の
コンサル監査
マネジメントを
積極的にサポート
業務の有効性
効率化
経営全般
監査の目的＝経営者の期待
監査の対象（ウェイト）
不正防止
管理体制づくり
業務プロセス
不正の摘発
個別テーマ
従来型の
内部監査
ポリスマン
取引に焦点

私たちは、開発、製造、営業、販売などの現場に入り、現場の社員にヒアリングし、業務のプロセスや意図を理解するよう努力します。その過程で業務を行ううえで非効率であったり、不合理であったりする方法が採られていることに気づくことがあります。

例えば、店舗において閉店の10分前になったらレジを締めてしまうという店がありますす。しかし、まれにレジを締めたあとに顧客が来ることがあります。すると、店長は顧客から受け取ったお金をいったん、レジではないところの適当な箱に入れておくというのです。ところがそのときにお釣りがない場合があります。すると、店長は自分の財布からお釣りを出します。そして後日、そのレジではない小銭入れから立て替えたお釣りを返してもらうのです。その記録はメモ帳に付けていますが、メモ帳はしばらくすると処分してしまうので、記録が残らなくなってしまいます。

こういうことを繰り返していると、だんだん現金残高も合わなくなってきて、会計処理上の問題が生じるようになってきます。メモ帳がなくなれば記録もなくなるので、何より現金に対する公私混同の意識が広がる点が大きな問題です。いずれ、より大きな不正につながる芽となります。

継続的な「コンサル監査」のプロセス

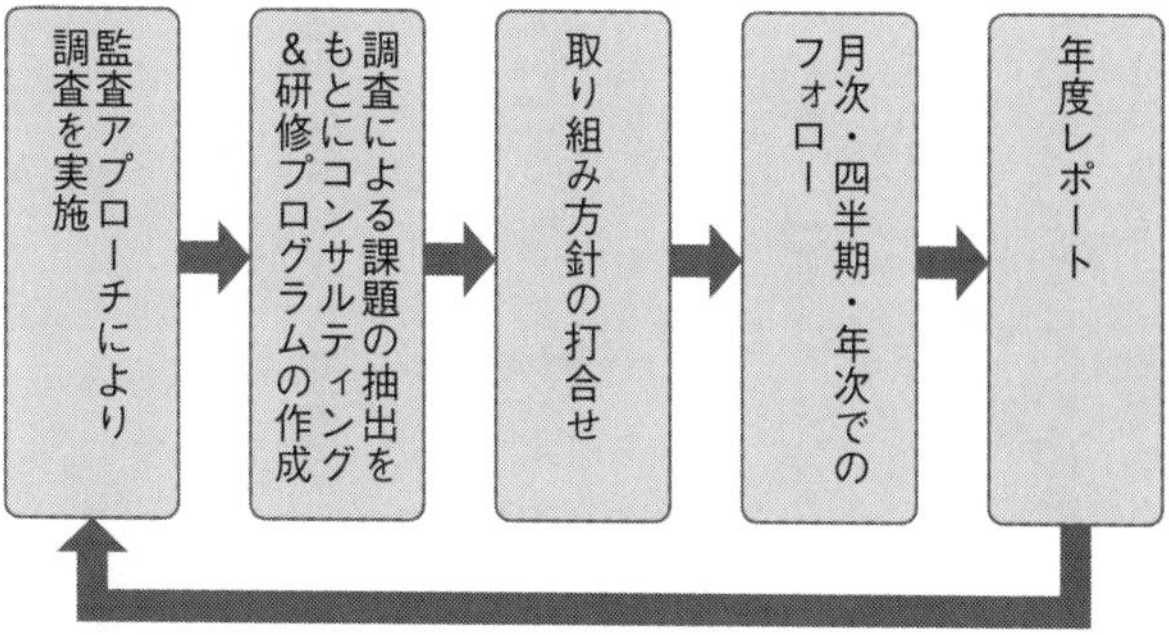

継続的な「コンサル監査」のご案内

- 計数感覚の養成
- 継続的改善による問題意識の向上
- 課題解決による社内ノウハウの蓄積

コンサル監査では警察のように摘発をするものではないので、そのような不適切な業務プロセスを見つけた場合、まずそういったプロセスが不適切なものであることに気づいてもらいます。そのようなイレギュラーで不適切なプロセスがあることは、会社にとってはもちろん、その現場の社員にとっても、決して望ましくはありません。そこで、なぜそのようなプロセスが生じているのか、業務プロセスのどこをどう変えれば改善できるのかを、現場の人に考えてもらうように導きます。いわばコーチのような存在がコンサル監査です。

この例でいえば、レジを締めるのは、必ず店を閉めてシャッターを下ろしたあとにするというルールを設ける、また、残業が生じないよう、閉店時間を15分早める、といった措置を取るといったことが考えられます。

継続的なコンサル監査を通じて会社を磨く

スポーツのコーチが一度選手を指導すれば、その選手がたちまち良くなっていくわけではないように、コンサル監査も、一度会社全体をチェックして、それでおしまいというわけではありません。

会社全体の業務を理解したら、あとは定期的に監査訪問をして会社の状況に著しい変化はないか、改善すべき事象が生じていないかといったことをチェックしています。

数字によるマネジメントを導入しようとしているのに、現場がうまく使えない、あるいはつい甘く評価をしてしまうといった問題があれば、当然それもチェックして改善の方法を経理部員などとともに考えます。

それ以外にも、業績や財務の現状、業務プロセスや組織運営で発生している問題、将来問題となる可能性がある潜在的なリスク、そういった会社の状態全般を、会計監査の手法を用いながらチェックしていきます。

そして、それらをチェックした状況をまとめて基本的に年に1回、会計モニタリング報告書という形で社長に報告するのです。

年間のコンサル監査を通じた会計モニタリング報告

会計モニタリング報告書はあくまで会社や社長が、自分たちの業務改善や組織運営改善のために活用するものであり、外部の人に見せるためのものではありません。

一般的な会計モニタリング報告書に記載される項目はおおむね次のようになります。

【会計モニタリング実施状況等について】

○目的

決算書を作成する過程において業務を正しく把握し反映させているか会計の目線で確認することが会計モニタリングの目的であり、監査証明が目的ではないということの確認が書かれています。

○会計モニタリング期間

○会計モニタリングは、通常1期（1年）ごとに行います。

Ⅰ　会計モニタリング実施概要

■会計モニタリングの実施状況等

(1)会計モニタリングの実施状況

(2)積極的会計モニタリング手続きについて

それぞれの会社のキャッシュ（現預金）を中心とした実査（実際の残高を調べた状況）やその他の重要な現物資産についての現物確認手続きのまとめです。現金や現物資産が帳簿どおりにあるのか、異常な取引はないか、お金の支払い先や受け取り先に不明瞭なところはないかなどといった点を調べています。

コンサル監査によってどんな問題が抽出され、どんな気づきが得られるかは、もちろん会社によって異なります。ただ、一般的によく問題が生じがちなのは本社以外の場所にある店舗、支店、工場などです。これは単純に、社長の目が物理的に届きにくいということに理由があります。

このような組織では、店長、支店長、工場長などに権限と責任を委譲して、マネジメントをさせるわけですが、社長がそれらの役職者たちを信頼しているからといって、チェックをせずに任せきりにしてしまうと、不正が生じるリスクは高まります。かなりの規模になる企業でもその傾向はあります。

（3）各拠点往査について

どの拠点（店舗）にいつ行って調査したかの記録です。

Ⅱ　会社の概要

最初に業績、財務の状況を確認しています。コンサル監査は会計監査がベースになっていますので、財務諸表からスタートします。

あとは、会社の沿革、事業内容（ビジネスモデル）、株主状況、役員状況、従業員状況、店舗状況などの基本情報、そして最後に、関連会社の財務諸表の概要をまとめています。

Ⅲ　財務諸表の修正

財務諸表そのものは、経理部でつくった（税務申告用）の決算報告書です。ただし、決算書の勘定科目のなかには、数字を計上するかしないか、税務上の解釈によりあいまいとなる部分があります。違法な粉飾ではありませんが、法の範囲内で、経営者の意思を反映して多少調整ができる部分があるということです。会計モニタリング報告書を見ることで、調整された決算報告書とは異なる実態に近い数字が分かります。

■修正内容（例、発生主義への変更）について

決算報告書について、どのような修正を実施し、なぜこのような修正結果になったのかをまとめています。多くの会社にとって影響が大きいのは、現金主義と発生主義の問題です。現金主義、発生主義の説明はここでは省きますが、要するに、会計上の資金の動きを、どの時点で計上するのか、という会計ルールに関する問題です。

そのほかには、価値が変動している資産を時価で評価したらいくらになるのかなどが、修正に影響を与えています。

Ⅳ　管理上の課題について

ここからがマネジメント上の問題、課題、留意点などをまとめた部分です。

■社内管理体制の整備について

会社が組織的マネジメントを実施していく際、一般的に求められる事項をリストアップしています。当該会社において、十分対応できている＝〇、不十分である＝△、まったく対応がなく優先的に整備すべきである＝×で示しています。
もしＩＰＯを目指すのであれば、これらは当然すぐに全部を○にしなければなりません。

■組織管理（ガバナンス）について

組織的な会社運営を実施する体制が整えられているかをチェックします。

■取締役会などの会議体の運営

取締役会などの会議体は、単に形式的に開催するだけではなく、議案の事前共有、議事録の整備、保管などがきちんとなされているかがポイントになります。

一般的に、中小企業では記録を残すという意識が非常に低く、ここが上場企業との大きな差になっています。記録が残っていなければ、例えば過去の会議で何が議題になったのか、何が採決され、何が否決されたのか、その理由が何だったのかなども分からなくなってしまいます。すると、同じことが何度も繰り返し話し合われて時間や手間が無駄になったり、突然過去の議決に反する方針が決定されて混乱したりすることになります。

会議の議事録などは必ず残すとともに、どこに何があるのかがすぐに分かるように整理して保管します。

■稟議書の運用

稟議書は議事録の記録などと比べても、中小企業では活用されていません。稟議書は、会社の決済（意思決定）を諮るときに用いる書類です。例えば、部門で一定額以上の備品を購入する際に、稟議書を書いて課長や部門長が決裁の可否を判定します。他にも、重要な意思決定事項に稟議書を活用する場合は、必ず稟議書を起こして、部門長や場合によっては社長の決済を諮り、記録を残すようにします。

■計数管理について

数字によるマネジメントを実施する体制の整備状況です。

業務が正しく会計制度のルールに則った形で反映されているか、月次決算が実施され、迅速に試算表が作成されているか、予実管理を実施しているか、会計システム（コンピュータシステム）を整備しているかといった点が確認されます。

■個別事項について

コンサル監査での現場調査、あるいは、会計書類のチェックで発見された、個別の問題や課題をより詳細に解説しています。ここでは、よく出てくる代表的なものだけ解説します。

(1)本社経理に関する処理事項

売掛金や未収入金の内容などは、どの会社でも必ず必要です。決算書作成ルールが一般的なものとずれている部分がないか、決算処理で不適切な数字が見つかっていないかということをチェックします。

(2)各拠点に関する事項

コンサル監査で実際に店舗を訪問し、店舗での現金や商品在庫をチェックして見つかった問題です。社長の眼や細かい指導が届かないため、支店や店舗ではどうしても不適切な処理が生じがちになります。

(3)関係会社について

複数の企業から構成されるグループの場合、グループ企業間での取引に不適切な取引が見受けられることがよくあります。一般的な市場価格よりも大幅に高く、あるいは安く仕入や販売をしているといったものが代表的で、これは利益相反取引に該当することがあります。それ以外にも経済合理性のない取引がないかどうかをチェックします。

［第5章］

数字によるマネジメントができれば、会社は自走し始める

コンサル監査によって社長の理想が実現する

コンサル監査は、公認会計士等が会計監査の手法を用いて行う診断とアドバイスです。これは人間の体でいえば、かかりつけ医が行う定期的な健康診断と健康アドバイスのようなものです。

かかりつけ医の診断を受けて、中性脂肪とコレステロール値が高いので少しダイエットをして体重を減らしたほうがいい、食事は野菜を増やして動物性の油脂は控えめにすべきだ、などと言われたら、それを実践すれば健康になると考えられます。しかし、指摘を受けて自分の身体の状態に気づいても、本人が実行しなければ意味はありません。

コンサル監査も同じです。さらにいえば、会計的な思考をベースにした社員研修プログラムでもあります。定期的な監査で、あるいは会計モニタリング報告書などで、社長や社員が納得できる気づきを与え（フィードバック）、業務改善、改革につなげるまでがコンサル監査の目的（人磨き、会社磨きの支援）です。

モニタリング結果のフィードバックをきっかけにして業務プロセスを変えたり、管理方法を変えたりする施策を実行する主体は、あくまで会社であり社長です。コンサル監査を受けても、社長と社員が主体的に改善を実行しなければ会社は変わりません。ただし、これまでの経験上、指摘を受けてもそのまま放置しているというケースの会社はありませんでした。

なぜなら、コンサル監査を受けようと決めた時点で、社長には会社をきちんと運営したいという強い意志があるからです。コンサル監査による指摘を受ければ、そのとおりに実行をするのは当然といえば当然のことです。

そのようにして会社が主体的に改善に取り組むことで組織は活性化され、会社の業務が効率化され、組織運営が適正化されます。

それは、売上高10億円の壁を超えて、さらに将来には100億円の壁も超えて成長していくための基盤をつくります。

そのように会社が成長、発展することにより、最終的には社長が目指している理想の会社に近づいていくのです。

コンサル監査により事業承継の基礎を固める

どんな会社になることを理想と考えるのかは、社長それぞれです。しかし、ほとんどの場合で社長は会社の永続を願います。自分が経営を担えなくなったあとも、顧客への商品やサービス提供、社員への働く場の提供を続けてほしいと願うことが普通です。

そこで課題になるのが、事業承継です。

事業承継には、大きく分けて親族承継、社内承継、第三者承継があります。また、狭義の事業承継そのものとは異なりますが、ＩＰＯをすれば事業承継も進めやすくなります。

これらのいずれの場合にしても、数字によるマネジメントや組織的運営がなされていると、承継前の準備や承継後の経営委譲がスムーズになります。

コンサル監査により組織整備をすることは、事業承継の基礎を固める意味でも有効となるのです。

中小企業では、子が親のあとを引き継いで経営者になる親族承継が大半です。親族承継の場合に問題となるのが、経営者の子だからといって必ずしも親と同等の経営能力があるとは限らないという点です。例えば、親が高い事業能力をもつ経営者で、そのカリスマ的な魅力によって会社組織を統制していたとします。

子が親のようなカリスマ性をもっていればいいですが、多くの場合はそうなりません。カリスマ性とは個人に属するものだからです。そのような親のあとを継いだ子は、むしろ有能な親と比較されることにより、割り引いて見られてしまうことが普通です。親が偉大な経営者で、立派な企業をつくったにもかかわらず、親族承継した2代目、あるいは3代目になって、会社が傾いてしまう例は、枚挙に暇がありません。会社が傾くだけならまだしも、経営方針の違いを巡って親子が激しく対立する骨肉の争いとなれば、不幸としかいいようがありません。

会社の実態を数字で把握できているほど、事業承継は成功しやすい

そのような事態を防ぐには、早期から子を経営者として教育し、さまざまな事業経験を積ませて鍛える必要があります。

しかし、人間の基本的な素質や才能は教育だけではカバーできない面があるため、それ

だけでは不十分です。数値によるマネジメントが浸透し、組織的な運営がなされている会社であれば、内部統制が整備されていることになり、少なくとも経営者の個人的な属性に依存する部分はより少なくなります。したがって、承継後、後継者が社内を把握したり、適正な組織運営をしたりすることのハードルは下がるのです。

一方、社内承継とは、親族外の役員や社員に会社を引き継がせることです。社内承継は一般的に承継資金（株式の買い取り）や債務保証（会社の債務に対して経営者が連帯保証を求められること）などの問題が大きいため、日本の中小企業で用いられる例は少ないのですが、ないわけではありません。

この場合、会社に不透明な部分がなく、業務プロセスや運営が可視化されていないと特に引き継ぎにくくなります。

親子間での事業承継であれば、相続の一部としての家業の引き継ぎということになるため、会社の運営に多少の不透明な部分があったとしても、子がそれを飲み込むことのハードルは低くなります。子は経済合理性だけで事業承継を判断するわけではない、ということです。

しかし、親族ではない他人の役員や社員であれば、純粋に会社のみを引き継ぐことになり、そこに不透明な部分やおかしなところがあれば、そのまま引き継ぐことはハードルが高くなります。

もちろん、自分も一員としてつくり上げてきた事業を残したい、一緒に働いてきた仲間を守りたい、という思いもあるはずですが、親族承継に比べると経済合理性がより重視されることは間違いありません。

また、社内承継の場合は高い能力をもった人が後継者候補として選出されます。社内の人物ですから、他の役員、社員も人柄や能力をよく理解しています。その意味では、子の承継の場合のような、内部統制に関する疑念は生じにくいといえます。とはいえ、やはり前経営者に高い統率力があった場合は、それと比較されてしまう面はあります。その意味で組織的な内部統制が浸透していることが好ましいのは、親族承継の場合と同様です。

それらのことから、数字を用いたマネジメントが徹底されていることは、社内承継を進めるうえでの前提となりやすいのです。

M&Aでも自社の実態を数字で把握しておくことは有利になる

また、第三者承継とは親族でも社内人材でもない人に経営を委ねることで、いわゆるM&Aによる経営権の譲渡や会社合併などがこれに該当します。

少子高齢化や若年層の意識変化などを背景として親族承継が減り、社内承継は先に述べたようなハードルがあることから、後継者不在のまま経営者が高齢化していく中小企業が増加していています。その結果、日本経済の土台を支えてきた中小企業の大量廃業が危惧されています。それに対して経済産業省や中小企業庁などが率先して、これまでは比較的大規模な企業が対象だったM&Aを中小企業にまで広げようという動きが広まっています

かつてはM&Aといえば、大企業が中心で中小企業には縁遠いものと思われていました。また、中小企業でM&Aが実施される場合も経営難企業の救済や乗っ取りといったイメージがあったものです。しかし、昨今ではM&A仲介会社が増え、ネット上にプラットフォームもでき、シリアルアントレプレナー（連続起業家）といった概念も知られるようになったことから、かつてのようなネガティブなイメージは払拭されています。

M&Aの裾野は広がっているとはいえ、どんな会社でも買ってもらえるというわけではありません。買い手は当然、利益を求めて経済合理性に基づいて買収を検討します。その点から見て、平たくいえば買ってもらいやすい会社となっていることが大切です。そこで何よりも重要なのは、事業利益や顧客基盤、またそれらの将来性です。

それらの要素に比べると、マネジメントや組織運営といった面はさほど重視はされませんが、それでも大きな問題があれば当然買ってもらえない会社となります。

極端な話、事業の重要な部分で反社会勢力との取引があったり、コンプライアンスに重要な問題があったりするような企業は通常M&Aの対象にはなりません。

また、事業面であまりにも社長への属人性が高い場合も難しくなります。社長が辞めてしまったら事業が回らなくなるといった会社です。

M&Aを考えるのであれば、社長の顔だけで顧客との取引関係をつないでいるといった個人商店段階の会社は、早期に組織的な事業体制に移行しておくことがポイントです。

事業承継や資本関係の整理を見据えたコンサル監査

コンサル監査での承継関連の事例を紹介します。顧問先の経営者と会社の将来像を検討するなかで、未公開会社ながら株主数が多過ぎる状況は早期に改善する必要があるのではないかという話になりました。この会社は卸売業の業態で売上は年間300億円ほどで、社員数は100名ほどの会社でした。

現状の会社の株主は分散しており、社長が50％以上の株式を保有、メインバンクが20％、10％を社長の母親が保有していたものの、それ以外に少数株主が何人かおり、すべて合わせると20％になることから、事業承継を見据えると整理をしておいたほうが安全でした。そこで解決策として社員持株会を設立することになり、全体のスケジュールの指導をしました。

持株会をつくり、外部株式の受け皿とするとともに、持株会に社員の参加を促すため、まずは積立金のような性格をもつスキームとして整理しました。

次に導入に向けて役員会承認、全社員への説明会等の支援を行いました。続いて、税務面での留意点や株式の取り扱いについて指導するとともに買取株式の評価、規約の作成、運用面での指導等を行い、最終的に外部株主の整理および社員株主の登録等を終始順調に運用することができました。

中小企業においても、近年ではグループ経営が一般化しており、会社の分割・統合、株主構成の変更など資本関係の整理も重要になっています。コンサル監査を通じて、会社の実態を把握したうえで、税務面での検討を含めた現実的な対応策を提案し、実行段階でのフォローアップができます。

ほかにも会計事務所によるコンサル監査を受けることのメリットには次のようなものがあります。

- M&A等のための会社調査
- 株式評価の実施
- 組織再編スキームの提案・実行
- 増減資手続きの提案・実行

●100％子会社化のためのスクィース・アウトの提案・実行
●IPO等のための資本政策の検討　など

IPO（株式公開）を目指すなら、より高度な内部統制は必須

中小企業社長には、できればIPOをしたいと漠然と考えている人が多いものです。

なにしろ、全国に約370万社ある企業（経済センサス）のうち、上場企業は約4000しかありません。全企業の約0・1％しか入れない超エリート企業が上場企業であり、上場すれば社会的な信用力やブランド力、知名度は格段に向上します。

また、株式を保有する創業者は、IPO時の株式の売り出しにより莫大な利益を得ることもできます。

さらに、IPOをして公開企業になれば、いわゆるプロ経営者を招聘して社長に就かせることもやりやすくなるため、事業承継対策にもなります。

ただし、IPOをするためには売上高や利益、純資産などの財務が一定の基準を満たしていなければなりません。それだけではなく公認会計士による会計監査および内部統制監

査が義務づけられるなどの厳しい審査があります。

これらに対応できる組織の基盤は数字によるマネジメントです。ＩＰＯには、数年の準備期間がかかるものですから、長期的な取り組みの第一歩として、数字によるマネジメントに取り組むべきです。

コンサル監査は、監査証明を目的とした会計監査そのものとは違いますが、考え方の基礎は同じです。したがって、コンサル監査を受けていればＩＰＯの審査に通る体制にも大きな混乱なく移行しやすくなります。

中小企業は公認会計士を活用して、自走する組織をつくれ

個人商店段階から組織的運営管理段階への移行という話をしてきましたが、組織的運営管理の一つの理想的な形としてあるのが、自走する組織です。自走とは、自分で走ることです。つまり自走する組織とは、社長からの命令という力で押されなくても動き続けることができる組織のことです。極端にいうなら、社長がいっさい命令しなくてもきちんと事業が運営できる組織が、自走する組織です。

数字によるマネジメントが徹底し業務のすべてが可視化され、数値で評価されてPDCAが回せる組織（＝内部統制がよく整備・運用されている組織）になれば、組織は自走するようになります。

そのとき社長の役割はどうなるのかといえば、文字どおりのリーダー、つまり会社が進むべき方向を指し示しリードすることになります。

これからの社会はこうなるはずだ、そこで求められるのはこのような会社だ、したがって私たちはこのような価値を提供できる会社になろう、というビジョンを提示し、社員をはじめとしたステークホルダーの共感を集め、そこに進んでいくための道筋（ロードマップ）を示す、そのような本当のリーダー、本当の経営者にしかできない役割を務めることが社長の仕事になります。

自走する組織を実現することは、本当のリーダーとしての社長を目指すうえで重要です。この点、会計・監査を専門領域とする公認会計士は、内部統制が整備・運用された大企業の状況を数多く経験していますので、これから組織を整備していこうと考える会社経営者にとって、公認会計士の活用を通じた内部統制の強化は有効です。

また、これまで紹介してきた中小企業向けのコンサル監査を継続的に受けることは、社員教育にも通じます。組織改革のコンサルティングや社員研修の導入を考えるよりもまずは、数字による管理を社内に導入していくことが会社と社員磨きにつながることは間違いありません。

中小企業経営者は上場してないから監査は不要と考えず、自社のマネジメント強化、事業拡大のための社内整備のために、中小企業こそ公認会計士等による監査ベースのコンサルティング、『コンサル監査』を活用することが有効と思います。

おわりに

本書では、中小企業の社長が意識すべきである、数字によるマネジメントや組織的管理の考え方、またそのために経理機能の強化が必要であることを説明してきました。そして最後に、それらの推進をサポートするコンサル監査についても解説しています。

私たち公認会計士が、コンサル監査という形で中小企業の組織運営のサポートをする説明をしたときに社長からよく聞かれるのが、顧問税理士にそれはできないのか、会計士と税理士はどう違うのかという質問です。

税理士の運営している事務所が会計事務所という名称であることも多く、公認会計士と一緒だと混同して考えている人も少なくないのです。

本書のテーマと直接関係する話ではありませんが、よく尋ねられることなので、最後にその点について説明しておきます。

まず、公認会計士の本来業務は会計監査です。会計監査は会社が作成する財務諸表（決算書）の適正性に関する意見を表明することです。そのためには、会社で行われている実際の業務と照らし合わせて、その財務諸表が実態を正しく反映しているかどうかについて検証することになります。このことを監査証明業務といいます。財務諸表の適正性とは数字の計算が合っているかどうか、という意味ではなく、業務プロセスが正しく数字に反映されているかどうかという点です。まさに、数字によるマネジメントが正しく行われているかどうかを、法律に則った形で検証し報告書にまとめるのが公認会計士の本来業務です。

したがって、公認会計士は会社の業務を深く理解する訓練を積み、業務管理に関する知識をもっています。業務を理解しなければ、業務プロセスが財務諸表に適切に反映されているかどうかを判断できないためです。

一方、税理士の本来の業務は税理という名称にも表されているように税務代理で、会社が納めるべき税金を正しく計算することです。税金を正しく計算するためには、会社の業績、財務をまとめた決算書が税法上の観点から見て正しく作成されていなければなりません。したがって、税理士は決算書のチェックや作成をします。その際に用いるのはあくまで会社が用意した数字です。その数字が業務プロセスを正しく反映しているかどうかといった観点は、基本的には税理士には関係ないのです。もちろん、まったくのデタラメのおかしな数字や明らかに粉飾された数字があればこれはおかしいのではないかと気づきますが、基本的にはそういった点を指摘することは税理士本来の業務ではないということです。

したがって、社長が業務マネジメントや組織管理について相談する相手としては、必ずしも適切ではありません。もちろん、ほぼ１００％の会社に顧問税理士はついており、中小企業にとって最も身近な士業ですから、社長がさまざまな相談を税理士にするのは当然です。また、税理士のなかにも、社長の経営コンサルタントの役割も果たそうと非常によく勉強している人もいます。ただし、税理士の本来の業務はそこではなく、また、すべての税理士が組織的な管理業務に詳しいわけではないのです。

このように公認会計士と税理士では、ともに会計数値を扱う職業ではありますが、その職務領域、専門性が異なっているということです。

本書をきっかけに、御社に数字によるマネジメントや組織的管理が根付き、社長が本当のリーダーとしての役割に専念できることを願ってやみません。

加藤　弘之（かとう　ひろゆき）
公認会計士・税理士
1956年生まれ。大学卒業後、税理士事務所に勤務。その後、公認会計士資格を取得、大手監査法人にて会計監査や株式公開準備業務などに従事する。監査を通して経営リスクを回避できる体制をつくり、中小企業の経営者をサポートしたいという想いから、2006年に独立しエクジット株式会社を設立。2012年税理士法人エクジット代表就任。税理士。公認会計士。著書『中小企業のための「超経理」』、『ストーリーで分かる会計マインド入門』（幻冬舎メディアコンサルティング）。

本書についての
ご意見・ご感想はコチラ

中小企業社長のための
会計・経理の強化書

二〇二二年一二月二二日　第一刷発行

著　者　加藤弘之
発行人　久保田貴幸
発行元　株式会社 幻冬舎メディアコンサルティング
〒一五一-〇〇五一　東京都渋谷区千駄ヶ谷四-九-七
電話　〇三-五四一一-六四四〇（編集）
発売元　株式会社 幻冬舎
〒一五一-〇〇五一　東京都渋谷区千駄ヶ谷四-九-七
電話　〇三-五四一一-六二二二（営業）
印刷・製本　中央精版印刷株式会社
装　丁　弓田和則

Printed in Japan　ISBN 978-4-344-93689-8 C0034
幻冬舎メディアコンサルティングHP　https://www.gentosha-mc.com/